KPI
KEY PERFORMANCE INDICATOR

で必ず成果を出す目標達成の技術

計画をプロセスで管理する基本手順と実践ポイント

アットストリーム
大工舎 宏
HIROSHI DAIKUYA

井田 智絵
TOMOE IDA

日本能率協会マネジメントセンター

はじめに
（本書のテーマと構成）

　明確な未来を想定しにくい中、多くの企業が「業績管理指標・業績評価指標（KPI）の導入」に取り組んでいます。経営幹部の方々のお話をうかがっていると、KPIの活用によって、環境変化の中でも確実に成果を出し続ける組織にしたいという想いを感じます。しかし、その強い想いにも関わらず、確実に成果を挙げている企業もあれば、そうでない企業も歴然として存在します。

　本書は「KPIをうまく活用する組織が成果をあげ続ける」をテーマにします。そして本書は、うまくいっている企業とそうでない企業の「差異」に着目します。同じような目的・狙いを持っているにも関わらず、また、同じような手法・フレームワークを用いているにも関わらず、その成果・効果には差異が生じています。「その差異はどこから生まれるのか、どう修正すればよいのか」が本書のテーマです。

＊

　目標達成のためにKPIを活用している企業がますます増えている中で、楽天は、企業理念を具現化する基盤として「楽天主義」（行動指針）が定められ、目標達成のためのKPI活用が徹底されていると言われています。

　楽天主義の構成要素の１つであるブランドコンセプトでは、「信念不伐／GET THINGS DONE」が謳われており、成功・目標達成のために状況に応じてアクションを再構築することを強調しています。

　また、目標への共感度を強め、実現度を高めるために「成功のコンセプト」が掲げられています。その１つとして「仮説→実行→検証→仕組み化」があり、具体的なアクション・プランを立てることが大切であるとしています。目標達成のために、仮説を明確にし、それにKPIを設定して共有化し、目標管理やアクションにつなげているのです。さらに

「スピード！　スピード！　スピード！」も成功のコンセプトの１つとして挙げられており、他社に比べて早く行動・実現することが強調されています。これは、KPIの目標水準値やその実行期間などに反映されているものと思われます。

　同社が買収した系列会社においてもKPIの取組みは推進されているようです。それは、組織全体の目標をKPIで展開し、最終的には個人レベルが理解ができ、実行可能なものにする取組みです。たとえば、営業面の目標を成約率、取引１件あたりの目標金額などのKPIに展開するとともに、営業担当が現実的に対応しうる営業件数などもKPIとして設定し、達成不可能ないしは非現実的な目標設定とならないようにしているようです。

　このように、組織目標達成のために必要なチーム・個人のアクションの目標値を明確にするとともに、目標達成のために十分な人的リソースとなっているのかを確認すること、株主をはじめとするステークホルダーに対して目標未達成という事態を避けるということなどをKPIを活用して総合的にマネジメントしていると思われます。

*

　弊社・アットストリームでは、KPIマネジメントの導入・活用の取組みを数多く支援しています。本書は、それらのご支援の中で適用している「原理原則」と「基本手順」と「実践上の重要ポイント」を整理しています。

　第１編「KPIのメリットを理解しよう」では、目標を達成する組織とそうでない組織の違いを明確にするとともに、KPIを用いることによる効果・メリットを整理しています。KPIマネジメントを進める上での最上位の原理原則にあたります。

　第２編「KPIマネジメントを実践しよう」では、KPIマネジメントを進める上での全体像を整理しています。基本手順を説明しながら、それらを適用する上での原理原則を記述します。

第3編「活用場面別KPIマネジメント」では、実際にKPIマネジメントを適用する場面別の推進例を整理しています。これが実践上の重要ポイントにあたります。また、KPIマネジメントの活動が形骸化しないためのポイントについても記述しています。

　本書では、「成果」を次のように捉えます。
①経営目標・事業目標など、企業や事業単位における「目標」が達成されること
②目標の達成に必要な組織行動がタイムリーに行われるようになる「組織としての実行力」が高まっていくこと
　そして、成果を「あげ続ける」という点への考察が、本書のテーマにおけるこだわりです。一過性の目標達成ではなく、継続的に目標を達成していくこと、また、そのために必要な組織としての行動と学びを継続的に行っていくことです。本書ではその目的のためにKPIという経営管理の手法をいかに活用していくとよいか、を整理しています。
　短期の目標達成も重要ですが、さらに大切なのは、中長期にわたって目標を達成していく力を組織として身につけることです。そして、それに対してKPIマネジメントが「役立ちうる、有効な方法の1つである」ということは、長年のコンサルティング活動を通じて確信しています。
　本書の著者はいずれも、KPIマネジメントをはじめとする経営力強化のための手法や取組みを設計し、実践での適用を数多く行ってきたコンサルタントです。それらの経験に基づく知恵の整理が、読者の皆さま方の今後の経営推進の一助になれば幸いです。

平成27年12月
株式会社アットストリーム
パートナー　大工舎 宏

KPIで必ず成果を出す目標達成の技術
計画をプロセスで管理する基本手順と実践ポイント

目次

はじめに（本書のテーマと構成） 3

第1編
KPIのメリットを理解しよう

第1章 目標を達成する組織・達成できない組織　17

1　目標を達成できない組織の特徴 19
- 1・1　特徴1：狙う姿を数字で示せていない 19
- 1・2　特徴2：プロセスを軽視している 22
- 1・3　特徴3：リーダーがPDCAを回していない 24

2　常に目標を達成している組織の特徴 28
- 2・1　特徴1：達成目標が数値でわかる 28
- 2・2　特徴2：プロセスを管理している 32
- 2・3　特徴3：事実とデータを重視する 33
- 2・4　特徴4：必要な情報とは何かを考えている 33
- 2・5　特徴5：振返りを行い、次に繋げている 35

第2章 仕事力が上がるKPIマネジメント　39

1　KPIマネジメントの本質 40
- 1・1　連鎖性の向上 40
- 1・2　見える化の進展 41

1・3	共通言語づくり ……………………………………………………… 41

2　KPIでチームが良くなる …………………………………………… 42

2・1	やるべきことが計画化される …………………………………… 42
2・2	優先順位が明確になる …………………………………………… 43
2・3	「うまくいっている／いっていない」がタイムリーにわかる …………… 44
2・4	「やるべきことができている／できていない」がタイムリーにわかる …… 44
2・5	PD「CA」のタイミングと内容がレベルアップする ……………… 45
2・6	上司・部下のコミュニケーションが活発化する …………………… 46

3　KPIで個人が成長する ……………………………………………… 47

3・1	担当者レベルで見られる効果 …………………………………… 47
3・2	管理者レベルで見られる効果 …………………………………… 49

4　KPIで組織力が高まる ……………………………………………… 52

4・1	戦略遂行・目標達成力の向上 …………………………………… 52
4・2	組織運営・マネジメント力の向上 ………………………………… 56

第2編
KPIマネジメントを実践しよう

第3章　KPIマネジメントの基本手順　63

1　KPIの全体像を理解する ……………………………………………… 64

1・1	基本用語を理解する ……………………………………………… 64
1・2	KPIの関係性を理解する ………………………………………… 66

1・3　PDCAにおけるKPIの活用―KPIマネジメントの実践 ･･････････････ 68
2　KPIマネジメントの進め方を理解する ･･････････････････････････ 69
2・1　KPIを活用したPDCAの流れ ････････････････････････････････ 69
2・2　計画段階で9割が決まる ････････････････････････････････････ 71
3　Planフェーズ：目標を明確にし、成果KPIを設定する ･･････････ 73
3・1　目標を明確にする ･･･ 73
3・2　目標を指標に置き換える（成果KPIの設定）･････････････････････ 74
4　Planフェーズ：重要成功要因（CSF）を特定する ･･･････････････ 76
4・1　経営レベルでの重要成功要因の考え方 ･･･････････････････････ 76
4・2　部門・機能レベルでの重要成功要因の考え方 ･････････････････ 78
5　重要成功要因をプロセスKPIに置き換える ･････････････････････ 82
5・1　SMARTを目指す ･･ 82
5・2　相反する事項を意識する ･･････････････････････････････････ 85
5・3　実行水準を決める ･･ 86
5・4　アクションに落とし込む ･･････････････････････････････････ 87
6　Do/Checkフェーズ：計画に沿っているかを確認する ･･････････ 87
6・1　データの収集方法を確定し、業務へ落とし込む ･････････････････ 88
6・2　見える化する ･･ 89
6・3　達成度合いを評価する ････････････････････････････････････ 90
6・4　状況を共有する場を定例化する ････････････････････････････ 92
7　Actionフェーズ：計画に沿っていない点を改善する ･･････････ 94
7・1　達成できていない要因を明確にする ････････････････････････ 94
7・2　改善の方向性を決め、アクションを取る ････････････････････ 96
7・3　次年度に向けた改善施策を企画する ････････････････････････ 99

第3編
活用場面別KPIマネジメント

第4章　部門の中期計画・年度計画に活用する　103

1　トップダウンアプローチとボトムアップアプローチ ················· 104
2　業務部門の特徴と最近の動向 ······································· 105
3　用いるツールと活用法 ··· 105
　3・1　戦略マップ ··· 105
　3・2　目標×施策マトリクス表 ····································· 110
　3・3　KPI検討シート（目標指標・重要成功要因・管理指標） ········· 116
　3・4　アクションプランシート ····································· 125
　3・5　ディシジョンツリー ··· 125

第5章　管理・間接部門に活用する　129

1　管理・間接部門の業務の特徴 ······································· 130
　1・1　一見、直接的な成果が見えにくい ····························· 130
　1・2　ユーザー視点を欠きやすい ··································· 131
　1・3　組織設計によって業務内容や担当機能が変わりうる ············· 131
　1・4　組織の方針や優先順位によって求められる水準が変わりうる ····· 132
2　管理・間接部門でのKPI設定のポイント ····························· 134
　2・1　達成状態・実現状態を具体的に考えてみる ····················· 134

	2・2　定常機能と取組みテーマに分けて考えてみる	135
	2・3　業務のQ・C・Dを考える	136
	2・4　起こしてはならないことを考える	137
	2・5　あるべき姿や変革をリードする視点で考える	139
	2・6　成果KPI→プロセス→インフラを考えてみる	139
3	**用いるツールと活用法**	**141**
	3・1　設定手順とワークシートの全体像	141
	3・2　目標達成水準を高める視点	143
	3・3　KPIを設定する対象の整理	145
	3・4　KPI設定シート（定常機能）	146
	3・5　KPI設定シート（取組みテーマ）	151
	3・6　品質面のチェックポイントを設けて定性的側面をカバーする	153
	3・7　基本方針が明確になっていない場合の対応	155
	3・8　業務のスリム化指標の設定	155

第6章　プロジェクト型業務に活用する　161

1　プロジェクト型業務におけるKPIの考え方 162
　1・1　成果KPIの考え方 162
　1・2　管理すべき3つの要素 164
2　KPIを活用した活動の評価 165
　2・1　プロジェクト型業務における活動の評価① 165
　2・2　プロジェクト型業務における活動の評価② 170
3　先行管理としてのリスク管理 171

4　プロジェクト型業務における進捗確認 ………………………………… 173

第7章　KPIマネジメントが形骸化しないために　175

1　なぜ形骸化するのか ………………………………………………… 176
1・1　結果だけを見てしまう ………………………………………… 176
1・2　リーダー・管理者が活用しない ……………………………… 177
1・3　アクションレベルへの落とし込みが不十分 ………………… 178
1・4　振返りの活動を行わない ……………………………………… 179

2　形骸化していない会社はどうしているか ………………………… 179
2・1　振返り活動を実施している …………………………………… 180
2・2　日常の課題解決に用いる ……………………………………… 180
2・3　運用・活用の考え方を浸透させるための取組み …………… 181
2・4　見える化の仕組み ……………………………………………… 181

3　振返り活動の進め方とポイント …………………………………… 184
3・1　実施タイミング ………………………………………………… 184
3・2　何を振り返るか（部門レベル） ……………………………… 184
3・3　振返り活動で持つべき大切な考え方 ………………………… 187
3・4　振返り活動の結果を活かす（部門・現場レベル） ………… 189
3・5　振返り活動の結果を活かす（経営レベル） ………………… 189
3・6　KPIマネジメントスキル強化のための教育研修の活用 …… 190

第 1 編
KPIのメリットを理解しよう

第1編では、目標を達成する組織と達成できない組織との違いを整理するとともに、KPIを用いることによる効果・メリットを整理します。

第1編
KPIのメリットを理解しよう

本編のポイント

第1章
- ▶目標を達成できない組織の特徴を知る
- ▶常に目標を達成している組織の特徴を知る
- ▶KPIマネジメントの主な構成要素

第2章
- ▶KPIマネジメントの本質を知る
  - ―連鎖性の向上
  - ―見える化の進展
  - ―共通言語づくり
- ▶KPIを用いる効果・メリットを知る
  - ―KPIでチームが良くなる
  - ―KPIで個人が成長する
  - ―KPIで組織力が高まる

第 1 章
目標を達成する組織・達成できない組織

企業・組織で設定される目標の対象は、企業全体だけでなく、事業部・カンパニーという事業単位の組織、部・課といった部門単位であることもあります。また、対象となる期間も、5〜10年の長期目標、3〜5年の中期目標、単年度や四半期といった短期目標などがあります。

　目標は、企業・事業規模の大小にかかわらず、必ず設定されます。もし目標が設定されていないのであれば、それはなぜなのか、どう組織を運営していこうとしているのかを確認してみる必要があります。もしかすると、目標が設定されているのに伝えられていない、浸透していないのかもしれません。そうであるならば、これ自体が組織運営上の問題だともいえます。

　いずれにせよ、目標やその上位概念であるビジョン（企業・組織が目指す姿・なりたい姿を定性的に記述したもの）は、それを軸として組織の戦略や方針を検討したり、組織の求心力を高めていくものですから、必要不可欠です。

　しかし、目標があってもそれが達成される企業・組織と、未達が多い企業・組織があります。目標は達成されてこそ意味があります。未達が継続すると、組織の中に「達成しなくてもいい」といった甘えやカン違いが蔓延したり、目標自体の重みがなくなるというような事態に陥ってしまいます。

　経営コンサルティングの仕事では、さまざまな企業・組織とプロジェクトを進めます。そこでは、中期目標や単年度の業績目標そのものを検討したり、設定した目標達成のための計画や戦略・施策を具体化したり、さらには戦略・施策を実行するための支援をします。テーマはさまざまですが、コンサルティングの過程を通じて、目標の達成・未達成の事例や、その要因などに数多く触れてきました。

　そこでまず、「目標が達成される企業・組織」と「未達になることが多い企業・組織」との違いを整理します。なお、ここでは達成・未達成の要因の1つである「水準」の妥当性については、少し脇に置いておきましょう。後にも述べますが、目標は指標とその水準とのセットで構成

されます。「売上高」や「営業利益額」が指標で、それをどれだけ達成するか、つまり、売上高「○○円」や、営業利益額「○○円」の部分が水準です。

指標は適切でも、水準が現実的でないために達成・未達成が分かれるケースもあります。妥当な水準の設定については「こうすれば正解」というものはありません。水準を決める際に、検討すべき視点や踏むべきプロセス・手順について、いくつかのポイントがあるとしか言いようがありません。それらについては、第3章の「KPIマネジメントの基本手順」で触れることにしましょう。

1 目標を達成できない組織の特徴

1・1 特徴1：狙う姿を数字で示せていない

1つめの特徴は、狙う姿を数字で示していないという点です。この課題には2つのパターンがあります（図1・1）。1つめのパターンは「全体としての目標はあっても、それが十分にブレイクダウンされていない」というものです。

財務的な目標で考えてみましょう。通常、売上高、粗利益率・額、営業利益率・額といった目標が全体の目標として設定されます。これが設定されていないケースはマレでしょう。しかし、それだけでは不十分です。全体としての目標達成のためには、構成要素の「何をどれだけ伸ばすか」という視点でブレイクダウンしなければなりません。たとえば、来期は売上を120％に伸ばすという全体目標ならば、そのために「既存製品を○○円まで伸ばす」「新製品を○○円販売する」「新規顧客開拓を○○社進め、そこから○○円の売上を獲得する」といった形で、目標を具体的に展開します。

売上高の伸長目標がまったく設定されていない組織はほとんどありません。しかし、単に全体の売上目標のみが設定されているケースはあります。また、粗利益率・額や営業利益率・額の目標については、それを

どうやって実現するのかというところまで落とし込まれていないケースは多いものです。

　数字で示していないために、組織の目標達成に向けての動きが具体化しない、目標の対象が不明確なままである、というのが１つめのパターンの特徴です。

　次に「お題目が掲げられているだけで、何をどこまでやるかが示されていない」というパターンです。１つめのパターンはいわば初歩的なレベルの課題と言えますが、２つめのパターンは、多くの企業において大なり小なり見受けられます。

　中期経営計画や年度方針などの策定では、通常いくつかの経営課題や戦略方針を掲げています。これらが、単なる定性的なお題目として掲げられているだけ、というようなケースです。

　たとえば、中期経営計画の中で「提案営業の強化」といった戦略方針が掲げられているとします。では「提案営業が強化された姿」とは、いったいどのような状態なのでしょうか。その姿を定量的に設定し、目標として示しているでしょうか。数字で示している組織では「○○提案方法での受注高○○円、件数○○件」という示し方をしています。また、提案営業によって付加価値の高い受注が増えるという狙いを踏まえて「見積・提案時の利益率○○％向上」といった目標を設定します。経営課題や戦略方針自体が定性的であっても、経営課題が解決された状態、戦略方針が実現した状態を具体的な数字で示しているのです。

　一方、言葉が踊っているだけで、とくに具体的な実現状態を示していないケースは多くみられます。これでは提案営業はいつまで経っても進展せず、次の中期計画でも再び同じような課題が定性的に掲げられることになります。目標達成や課題解決が進まないのは、この「お題目」状態のままだからです。

　さらに、それが本当に経営課題なのか、何を解決すべきかといった議論が整理されていない場合もあります。同業他社が行っている戦略や施策を横並びで掲げているようなケースです。これでは、本質的な課題解

第 1 章 目標を達成する組織・達成できない組織

図1・1 数字で狙う姿を示せていない2つのパターン

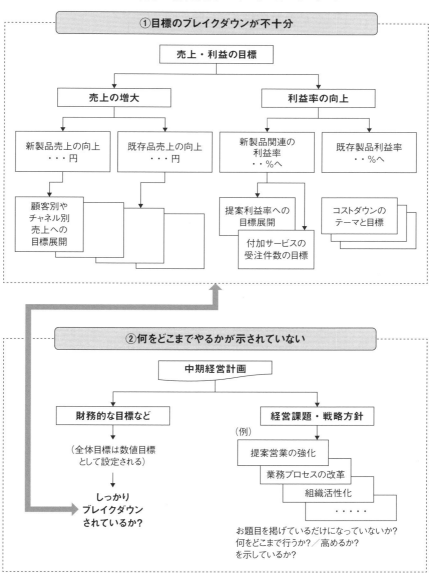

決には至りません。

1・2 特徴2：プロセスを軽視している

2つめの特徴は、プロセス（過程）を軽視しているという点です。図1・2は、本書におけるKPIマネジメントの構成要素を示しています。詳細は第3章にゆずりますが、各組織において重要と考えられる活動・施策に対する成果目標を、成果KPI（目標指標／KGI：Key Goal Indicator）と呼びます。本章で取り上げている達成・未達成の対象としての目標です。

図1・2　KPIマネジメントの主な構成要素

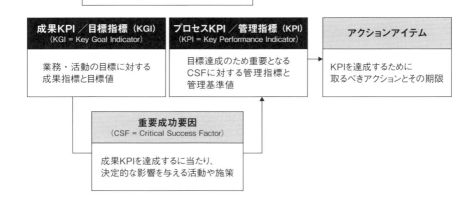

KPIマネジメントでは「KGIを達成するに当たり、決定的な影響を与える活動や施策」をCSF（重要成功要因／Critical Success Factor）として考え、整理していきます。そして、CSFに対する管理指標・管理基準値を、プロセスKPI（管理指標／KPI：Key Performance Indicator）と呼びます。つまり、達成すべき目標（成果KPI）を明確にした上で、

その目標達成の肝となる要因（CSF）を検討し、そのために何を高めるべきか、どのような活動を強化するべきかに対して管理指標（プロセスKPI）を設定し、管理していくのです。

目標を達成できない組織では、この「成果KPI（目標指標）─重要成功要因─プロセスKPI（管理指標）」の認識が弱かったり、重要成功要因をしっかりとらえられていない傾向があります。

ここで、本書で強調する大切な考え方を紹介しましょう。それは「成果をあげるためにプロセスを管理する」という考え方です（図1・3）。良い成果は、良いプロセスや良い活動から生まれます。つまり、成果を出すために管理すべきは、成果そのものではなくプロセスや活動ということです。先に述べたKPIマネジメントの構成要素で言えば、重要成功要因こそ管理されるべきなのです。

図1・3　成果をあげるためにプロセスを管理する

よく見られる現象
× 成果指標にばかり目がいきがち（成果指標の見える化はある程度できている）
× 目標達成や課題解決の重要成功要因を考えずにKPIを設定してしまっている

◇ 成果はプロセス・業務・活動から生まれる
◇ 重要成功要因は変わっていく
　（環境、顧客、競合、組織の変化など）
◇ 重要成功要因こそ管理されるべきである

↓

「成果をあげるためにプロセスを管理する」

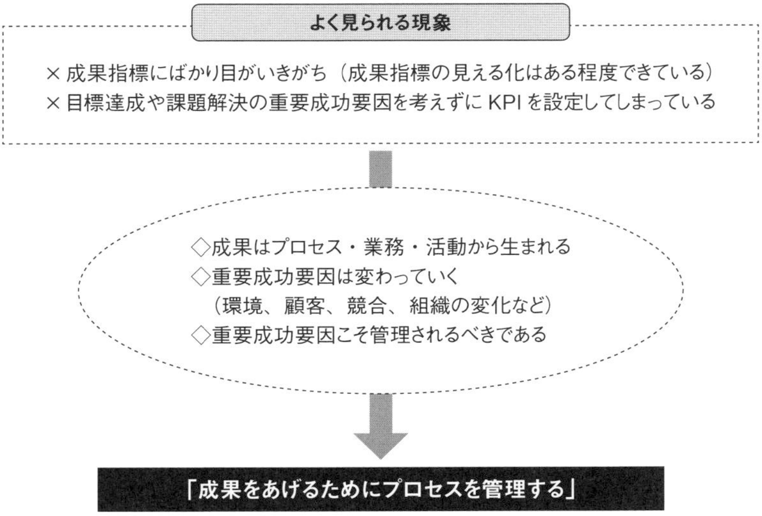

しかし、実際は成果指標ばかりに目が行きがちで、そのための重要成功要因やプロセス・活動に十分着目していないケースが多いものです。

「KPIマネジメントに取り組んでいる」と言いながらも、成果KPI（目標指標）の設定・見える化に留まっているのです。目標指標は設定されていても、成功要因や重要な活動・プロセスが認識されなければ、当然ながら成果の達成確率は下がります。目標を達成できない組織の多くはこの傾向に陥っています。

では、「重要成功要因を捉える」とはどういうことでしょう（図1・4）。部品製造業A社では、売上目標の達成をブレイクダウンした結果「既存の主要10顧客からの新規大型案件の受注拡大」が目標の1つとして設定されました。これは先ほどの構成要素でいうと、KGIの設定にあたります。

ポイントは、目標に対して何が重要成功要因かを考えることにあります。この例では「設計・提案力の向上」と「主要顧客の企画プロセスに入り込む」ことが重要成功要因として検討・特定されました。そしてさらに「設計・提案力が高まっている」とはどういう状態なのか、設計・提案力を高めるために増やすべき活動や教育施策などを特定し、それらに対して管理指標としてのプロセスKPIを設定していきました。

「主要顧客の企画プロセスに入り込む」に対しては、「顧客の新製品開発のプロセスにA社が単独で参画できているか」「部品開発に対するニーズ・要件をどのタイミングで把握できるか」に対して業務上の目標を設定し、プロセスKPIとしました。

このように、目標に対して重要成功要因の検討・特定を行っているケースと、単に成果KPI（ここでは主要顧客からの新規大型案件の拡大目標）だけが設定されているケースを比較すると、目標達成の可能性に大きな差異が出て来るのは当然です。重要成功要因を検討する際の着眼点、重要成功要因の検討からプロセスKPIの設定に繋げていく手法については、第3章で記述します。

1・3　特徴3：リーダーがPDCAを回していない

3つめは、リーダーがPDCAを回していないという点です。ここで

図1・4 重要成功要因の検討イメージ

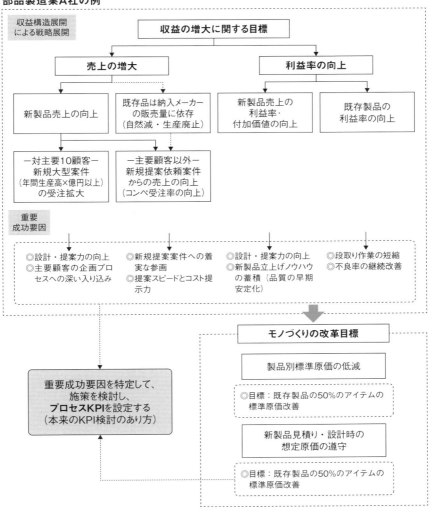

　いうリーダーとは、事業責任者・部門責任者や管理者です。広くマネジャーと捉えてください。

　中期経営計画や年度計画を策定しても、そのまま机の奥にしまってし

まい、次に見るのは次年度の計画書をつくるとき、というようなことはありませんか。計画書づくりには、それなりのエネルギーを割いているのに、実行段階では活かされていないというケースは、とても多く見受けられます。これでは、実行・達成にこだわりを持つ人は少なくなってしまうでしょう。当然、経営計画に掲げている目標が達成される確率は低くならざるをえません。

このように、目標が達成されないのは、達成に向けたフォローがないからです。PDCAの「P」は相応に行っていても、そのあとの「DCA」が弱いと言い換えてもよいでしょう。

フォローすべき責任者・管理者が、部下の目標達成に無関心で、進捗

図1・5・1　実行されない・達成されない経営計画の典型的な原因区分

■**経営計画の位置づけに関すること**
　◎つくることが目的になっている
　◎立てた目標は必達である・計画はやり切るという意識・認識・風土が薄い
　◎幹部・管理者がコミットしていない、腹に落ちていない、目標達成の責任意識がない
　◎組織構成員への認知・浸透が不十分

■**経営計画を作るプロセス（過程）に関すること**
　◎前年踏襲型、環境分析などの戦略的検討・分析がない
　◎目標設定や施策具体化の行い方における課題（トップダウン、ボトムアップ、折衷）
　◎前回の経営計画における成功・失敗が活かされていない

■**経営計画の中身に関すること**
　◎目標設定が非現実的、もしくは逆に低すぎる目標設定（「勝てる目標」になっていない）
　◎目標を達成する構造（どうすれば経営数字が良くなるのか）が整理されていない
　◎目標達成のために何をやるかという具体化が不十分
　◎実行のための資源・リソースの手当て・裏づけが不十分
　◎絞込みがない、総花的、優先順位が明確になっていない

■**策定した後のフォロー・マネジメントに関すること**
　◎誰が、何を、いつまでに、が明確になっていない
　◎うまくいっている／いっていないがわかる仕組みになっていない
　◎そもそも経営計画がPDCAサイクルの対象になっていない、誰もフォローしない
　◎見直し・方向修正するためのきっかけがない、検討する風土がない

確認をしないならば、その組織に目標必達意識など生まれはしません。適切なタイミングでフォローをしていれば、必要な支援策の検討もできますが、そういった機会もないでしょう。目標が達成できなくても叱咤されない、甘く・緩い組織風土になってしまいます。

極論すれば、リーダーが目標の達成をフォローし、PDCAを回していくための手法は何でもよいのです。フォローの活動を通じて、目標達成にこだわる姿勢を示し、組織内のコミュニケーションが強化されることに意義があるのです。手法そのものよりも活動の継続性の方が大切です。

一方で、本書で紹介するKPIマネジメントの手法が、PDCAを適切に回すことや、リーダーが目標達成のフォローを行っていく上で非常に有効であるのも事実です。定量指標で組織内コミュニケーションが行われる点や、先に説明した目標達成のための重要成功要因やプロセスに着目する点などがPDCAの質の向上に寄与します。

KPIを活用する効果・効能は第2章で、具体的な推進手法は第3章以降で説明します。経営計画の実行の際の難所を超えるための有効な手法

図1・5・2　経営計画の立案・実行における難所

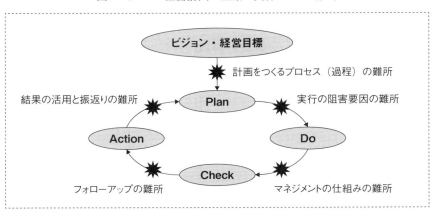

「どこに難所があるか？」
「難所を越えていくにはどのような仕掛け・工夫が必要か？」
⇒KPIマネジメントは難所を超えていく手助けになる有効な手法

の1つです（図1・5・1、図1・5・2）。

2 常に目標を達成している組織の特徴

2・1　特徴1：達成目標が数値でわかる

では、目標の達成確率が高い組織の特徴を整理してみましょう。

1つめは「達成すべきこと・実現すべきことが数値で明確になっている」という点です。目標が達成されるのだから明確になっているのは当然と思われがちですが、必ずしもそうではありません。例を見てみましょう。

図表1・6は、ある食品会社の戦略マップのサマリーです。戦略マッ

図1・6　食品会社における戦略マップの整理例

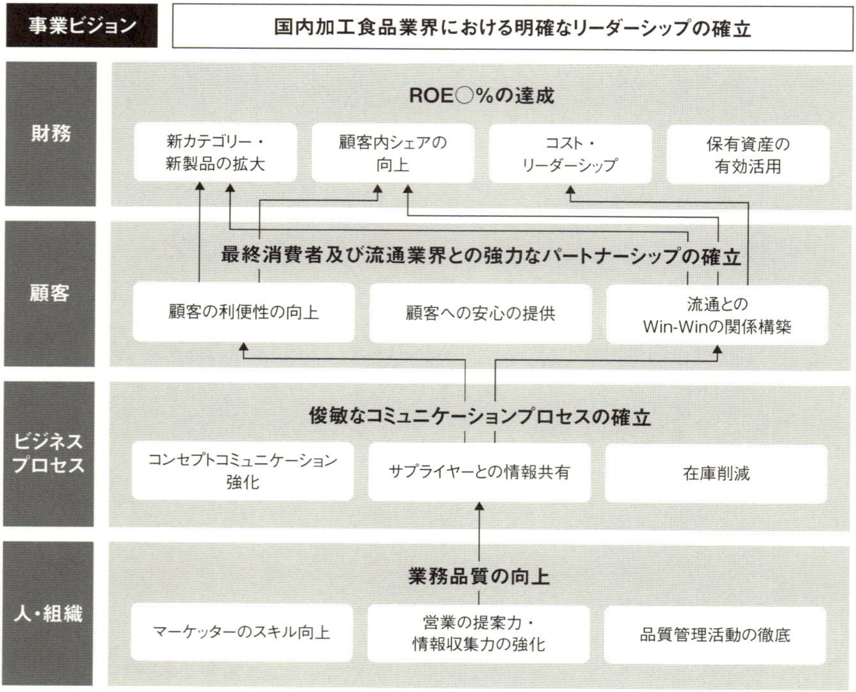

事業ビジョン	国内加工食品業界における明確なリーダーシップの確立			
財務	ROE○%の達成			
	新カテゴリー・新製品の拡大	顧客内シェアの向上	コスト・リーダーシップ	保有資産の有効活用
顧客	最終消費者及び流通業界との強力なパートナーシップの確立			
	顧客の利便性の向上	顧客への安心の提供	流通とのWin-Winの関係構築	
ビジネスプロセス	俊敏なコミュニケーションプロセスの確立			
	コンセプトコミュニケーション強化	サプライヤーとの情報共有	在庫削減	
人・組織	業務品質の向上			
	マーケッターのスキル向上	営業の提案力・情報収集力の強化	品質管理活動の徹底	

プとは、経営目標を達成するための重要戦略課題を、課題間の相互関係も整理しながら一覧化したものと考えてください。「新製品・新カテゴリーの拡大」「顧客への安心の提供」「在庫削減」「提案力・情報収集力の強化」など、１つひとつのボックスが重要戦略課題です。

　これらが「組織内で認識されて、経営計画や年度方針などに記載されている」のは、いわば普通のレベルです。目標を達成する組織では、それぞれの重要戦略課題がクリアされた状態を、定量的な目標として設定しています。つまり、何をどのレベルまで高めなければならないかを数値で明確にしているのです。

　食品会社での例を紹介しましょう。「新製品・新カテゴリーの拡大」や「在庫削減」などは、比較的定量的な目標を設定しやすい項目です。一方「顧客への安心の提供」や「提案力・情報収集力の強化」などは、一見定量的な目標設定が難しく、定性的な課題認識だけで終わってしまいがちです。

　目標を達成する組織では、そこをさらに一歩踏み込みます。「顧客への安心の提供」ができているとは、何がどのレベルであればよいのかを検討し、顧客からのクレーム件数や、商品の店頭への到着速度などを目標にしました。また、「提案力・情報収集力の強化」が進んでいる状態とは、何がどのように変化しているのか、高まっているのかを検討しました。その結果、販売予測の精度が高まっているか、でその達成度を測ることにしました。

　図１・７は、こうした考え方で１つひとつの重要戦略課題に対しての達成目標を検討・整理したものです（戦略目標の欄）。先に説明したKPIマネジメントの構成要素で言えば、重要戦略課題に対する成果KPIを明確にしたものにあたります。

　このように、達成目標を定量的に明確にすると、重要戦略課題の解決に向けての実施内容やレベルが具体的に検討されるようになります。その結果、事業ビジョン・経営目標に対して、その目標達成のために必要な取組みが検討・検証しやすくなり、組織全体が目標達成に近づいていきます。

図1・7　重要戦略課題に対する達成目標の明確化

> 戦略課題の達成指標と達成水準・時期を定量的に表す

戦略マップより

視点	戦略／戦略課題	戦略目標（戦略課題に対する達成目標）
財務	新カテゴリー・新製品の拡大 顧客内シェアの向上	新製品売上高300億円／年
財務	新カテゴリー・新製品の拡大 顧客内シェアの向上	新製品寄与率：15％／年
財務	コスト・リーダーシップ	商品・容器仕入れ原価削減率：10％
財務	コスト・リーダーシップ	売上高物流費率：6％以内
財務	保有資産の有効活用	フリーキャッシュフロー：100億円／年
財務	保有資産の有効活用	在庫回転率：3回転／月
顧客	顧客の利便性向上	露出率：95％
顧客	顧客の利便性向上	初期売上高：5億円／製品
顧客	顧客への安心の提供	クレーム件数：10件未満／月
顧客	顧客への安心の提供	トレース可能率：10％向上／年
顧客	顧客への安心の提供	店頭到達速度：平均5日
顧客	流通とのWin-Winの関係構築	欠品率：5PPM以内
顧客	流通とのWin-Winの関係構築	納期遅延率3PPM以内
ビジネスプロセス	コンセプトコミュニケーション強化	商品開発リードタイム：4ヶ月以内
ビジネスプロセス	コンセプトコミュニケーション強化	営業提案件数：3件以上／月
ビジネスプロセス	サプライヤーとの情報共有	情報共有先仕入れ金額比率：10％向上／年
ビジネスプロセス	在庫削減	需要予測精度：96％以上
人・組織	マーケッターのスキル向上	商品開発時間比率：75％以上
人・組織	提案力・情報収集力の強化	販売予測精度：97％以上
人・組織	品質管理活動の徹底	重要クレーム解決リードタイム：翌日まで
人・組織	品質管理活動の徹底	稼動率：95％以上
部門		経営企画
部門		マーケティング
部門		営業
部門		製造
部門		購買
部門		品質管理
部門		物流
部門		人事
部門		経理

施策・アクションアイテムの具体化⇒部のKPIへ

	施策											部門								
	新製品開発の重点化	コンカレント開発の推進	原料・商品点数の絞込み	原価企画の強化	共同配送の推進	投資回収管理の強化	週次イベント管理の徹底	販売予測精度の人事評価反映	仕入れ先とのロット情報電子交換	仕入れ先との生産計画電子交換	…	経営企画	マーケティング	営業	製造	購買	品質管理	物流	人事	経理
	◎	△	−	−	−	−	△	−	−	−		△	◎	○	−	−	−	−	−	−
	◎	△	−	−	−	−	−	−	−	−		△	◎	○	−	−	−	−	−	−
	△	−	◎	○	−	−	−	○	−	−		−	△	−	○	○	−	−	−	−
	−	−	○	△	○	−	△	△	−	−		−	−	△	△	△	−	◎	−	−
	−	−	−	−	○	−	−	−	−	−		◎	−	○	−	△	−	−	△	−
	−	−	◎	−	−	−	○	−	−	−		−	○	○	○	○	−	−	−	−
	−	−	−	△	−	−	−	−	−	−		−	−	○	◎	−	−	−	−	−
	◎	−	○	−	○	△	△	−	−	−		−	◎	−	−	−	○	◎	−	△
	−	−	−	−	−	−	−	−	−	−		−	−	△	−	○	◎	◎	−	−
	−	−	−	−	−	−	−	−	−	−		−	−	−	◎	◎	−	−	−	−
	−	−	○	−	−	△	−	−	−	−										
	−	−	○	−	−	−	△	−	−	−										
	−	◎	−	−	−	−	−	−	−	−										
	−	○	−	−	−	○	−	−	−	−										
	−	−	○	−	−	−	−	○	◎	−										
	−	−	△	−	−	−	−	−	−	−										
	−	−	△	−	−	−	−	−	−	−										
	−	−	△	−	−	◎	−	−	−	−										
	−	−	△	−	−	−	−	−	−	−										
	−	−	△	−	−	△	−	−	−	−										
	○	△	△	○	−	◎	−	−	−	−										
	◎	○	○	−	−	○	−	−	−	−										
	○	○	○	−	−	−	−	−	−	−										
	−	−	−	−	−	−	−	−	−	−										
	−	○	○	−	○	△	−	−	−	−										
	−	△	△	△	−	−	−	−	−	−										
	−	△	△	○	−	−	−	−	−	−										
	−	−	−	−	−	−	−	−	−	−										
	−	○	−	◎	−	○	−	−	−	−										

2・2 特徴2：プロセスを管理している

2つめの特徴は、目標達成のための重要成功要因を考え、プロセス（過程）を管理しているという点です。目標を達成する組織は、成果KPI（達成目標）を明確にするだけではなく、その達成のための肝（重要成功要因）は何かを徹底的に掘り下げています。それにより「何を管理すべきか」が具体化しているのです。

言い方を替えると、目標を達成する組織は「成果・結果」としての目標指標と「点検項目・プロセス」としての管理指標を、常にセットで考えています（**図1・8**）。常にセットで捉え、かつそれらを成果KPI・プロセスKPIとして定量化することによって「うまくいっている／いっていない（主に成果KPI）」「やるべきことができている／できていない（主にプロセスKPI）」が明確になり、「成果をあげるためにプロセスを管理する」の基礎が整います。

ここがもっとも大きな違いです。「重要成功要因を考えることこそが、目標達成のための重要成功要因」なのです。

図1・8　重要成功要因を考え、プロセスを管理する

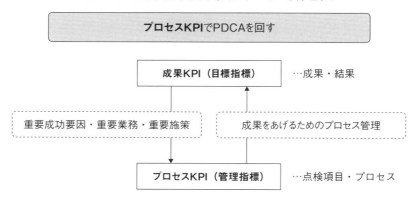

2・3　特徴3：事実とデータを重視する

　次に、事実とデータを重視するという点が挙げられます。先に述べた特徴1、特徴2と同じように思われがちですが、指標化・定量化するという「経営管理手法」の問題と、実際の経営管理活動やマネジメント行動において「事実とデータを重視する」という点は異なります。

　皆さんの組織では、役員会や営業会議などの重要な会議で、事実やデータよりも声の大きな役員や幹部の意見が優先されてしまったり、定性的・感覚的な意見に引きずられて議論・判断が進んでしまうという傾向はありませんか？　もしそうであれば、定量化・指標化の制度・システムを導入していても、事実・データに基づく経営管理が行われているとは言えません。

　目標を達成する組織は、まず「意見よりもデータ」を重視します。もちろん定性的な意見・声を軽視するわけではありませんが、事実やデータから起こっている現実を直視して、そこに定量化が難しいニュアンス面の現場情報や過去の経験・カンなどを加味していきます。

　一方、事実やデータよりもキーパーソンの声や意見が優先されてしまうケースは非常に多いでしょう。そのようなケースでは、経営者・経営幹部は事実やデータに関する情報が不十分だと考えているのかもしれません。その意味で、事実とデータを重視して経営管理を行うことと、経営管理のための必要情報を整備することは表裏一体の関係でもあります。

　しかし、目標を達成する組織を目指すためには「事実とデータの重視」を徹底する必要があります。KPIの活用を含めて、指標化・定量化が「必要条件」だとすれば、事実とデータを重視して経営管理を行うのは「十分条件」だといえます。指標化・定量化に取り組んでいても、事実とデータを無視してしまえば、指標化・定量化に費やしたエネルギーはムダになります。それならば、最初から取り組まない方がよいでしょう。

2・4　特徴4：必要な情報とは何かを考えている

　4つめは「必要な情報とは何かを組織として考えている」という点で

す。これは、先に述べた「重要成功要因を考え、プロセスを管理する」と重なる面もありますが、もう一段踏み込んだ視点での特徴です。

　重要成功要因を検討して管理指標を明確にすることで、プロセス管理の基礎ができます。目標を達成する組織では、さらに目標指標・管理指標の達成確率をあげるためにはどのような情報が必要か、何を見ておけばおかしな予兆やサインに気付くことができるかを考えています。組織全体の特徴というよりも、目標の達成率が高いチームや個人の特徴と考えてよいかもしれません。

　具体例で考えてみましょう。新製品の拡販や新規顧客開拓が課題となっている企業があります。この企業では、営業活動のプロセス管理の考え方を導入しており、「ターゲッティング」「案件対象の特定」「提案・見積り」「受注」などの各プロセス（段階）を営業の管理対象としています。最終的な目標指標（成果KPI）である受注目標に対して、提案・見積りに対しての採用率、提案・見積りの件数、案件対象の件数、アプローチするターゲット先の件数などが、営業プロセスごとの管理指標（プロセスKPI）として設定されています。これらは、目標達成のための管理指標の体系、いわば「成功の方程式」といえるものです（図1・9）。

　「必要な情報を考える」とは、これらの成功の方程式の確率を高めるために何が必要かを考えることです。この企業の例では、提案・見積りに至る確率の高い営業ターゲット先を抽出するために、ターゲット先のリストをどこから入手するか、どのような属性を持っている顧客候補先を洗い出すか、またその情報はどこから入手するかなどを具体化しています。

　また、ターゲッティングや案件対象の特定の質を高めるために、「案件対象の特定」⇒「提案・見積り」に進む率の高低とともに、その率の高低と各候補先の属性（顧客規模・資金力・現在の製品使用状況など）との相関関係などを見ています。

　「成功確率を上げていくためには？」「変化の予兆にいち早く気づくには？」「重要な活動がうまく行えているかどうかを何で見るか？」など

図1・9 成果KPI―プロセスKPI―必要な情報の検討

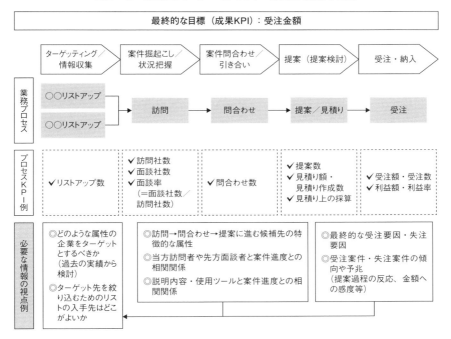

視点はさまざまですが、良い成果をあげるチームや個人は、単にプロセスKPIをやみくもに追いかけるだけでなく、成果に近づけるための必要な情報を考え、特定し、収集し、検証するということにも取り組んでいます。

2・5 特徴5：振返りを行い、次に繋げている

特徴の最後は、活動の振返りを行い、次に繋げているという点です。皆さんの組織では、年間や半期などの活動結果の総括や振返りをどのように行っていますか？ やりっぱなしで、次の年度の計画策定などに進んでしまっているケースも多いのではないでしょうか？ また、何かしらの振返りをしても、その結果を以降の目標設定や活動の見直しに活かしているでしょうか。

目標を達成する組織では、振返りの場を定期的かつ意図的に設定しています。中期計画や年度計画の振返り・総括、各部門での振返り・総括など、対象や場面はさまざまです。そこでは、設定した目標に対する成果・結果とともに、そこに至った要因を検討・整理しますが、とくに重要であるのは、要因の検討・整理です。つまり「やるべきことはできたか」「やるべきことができなかった理由は何か」を認識することです。

目標の達成・未達成については、日々の経営管理の中で、ある程度事実認識はできているでしょう。しかし、要因については、そこまで踏み込んでいないのが実状ではないでしょうか。要因の整理が、成果・結果に対しての責任・評価という色合いを持ちやすいということも関係しているかもしれません。

しかし、期初に立てた目標・施策や活動計画はいわば「仮説」であり、その検証・振返りは非常に大切です。目標を達成する組織では、そのことこそが重要なプロセスとして位置付けられ、振返り活動を実施しています。部門や個人の責任・評価という視点よりも、組織として「次に活かす」という視点で振返りをします。目標が未達の場合の「責任者探し」ではなく、仮説のどこが違っていたのか、なぜうまく実行できなかったのかを整理します。これは、今まで気付いていなかった新たな重要成功要因を認識することにも繋がります。

これによって、失敗は速やかに、かつ前向きに修正する方向に向かいます。仮説・検証・修正のサイクルが早いというのも、目標を達成する組織の特徴の1つといえるでしょう。

振返りの結果を活かす対象は、現場に対してと、経営幹部・企画部門に対しての、2つの対象があります。図1・10は、ある企業の営業部門が行っている振返り活動とそのフィードバックの視点を整理したものです。まず、振返りの結果を各現場の次年度の計画策定や活動に活かし、次に経営幹部・企画部門が、経営レベルとして考えるべき仕組みづくり・人材育成などの施策の具体化に活かしています。これはまさしく、振返りの結果を「次に活かす」視点の実践であり、目標達成のため

第 1 章 目標を達成する組織・達成できない組織

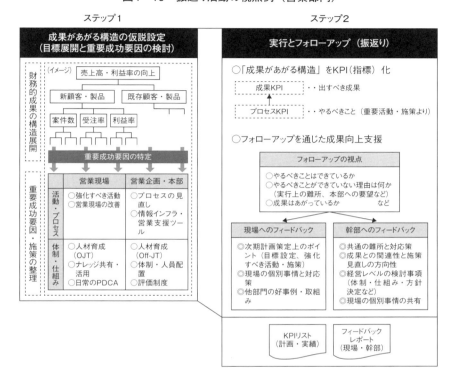

図1・10 振返り活動の視点例（営業部門）

に、現場と経営がうまく連携していくことに繋がっています。

　振返り活動は、KPIマネジメントをはじめとするPDCAの取組みを形骸化させないことにも大きく寄与します。これについては、改めて第7章で整理します。

＊

　ここまで、目標を達成する組織の特徴を5点整理してきました。それぞれは独立するのでなく、相互に関係し合っています（図1・11）。目標を達成する組織では、いずれかの特徴が完全に抜け落ちているようなことはなく、濃淡はありながらも各組織の経営管理スタイルの特徴として保持されています。

第 1 編　KPIのメリットを理解しよう

　KPIマネジメントは、これらの目標を達成する組織の特徴をすべて包含して支えることができる手法です。KPIマネジメントが目標達成の視点からどのように役立つのかについては、第2章で説明しましょう。

図1・11　目標を達成する組織の特徴（全体像）

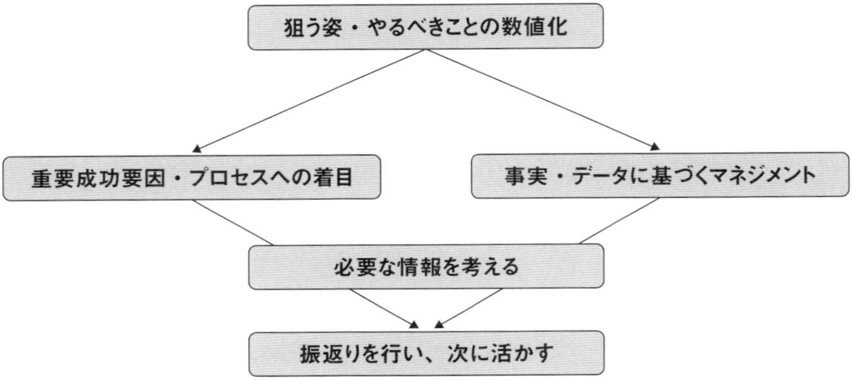

```
            ┌─────────────────────────┐
            │ 狙う姿・やるべきことの数値化 │
            └─────────────────────────┘
              ↙                    ↘
┌───────────────────────┐   ┌───────────────────────┐
│ 重要成功要因・プロセスへの着目 │   │ 事実・データに基づくマネジメント │
└───────────────────────┘   └───────────────────────┘
              ↘                    ↙
            ┌─────────────────────────┐
            │     必要な情報を考える      │
            └─────────────────────────┘
                        ↓
            ┌─────────────────────────┐
            │  振返りを行い、次に活かす   │
            └─────────────────────────┘
```

第 2 章
仕事力が上がる KPIマネジメント

第2章では、KPIマネジメントに取り組むことでどのような効果があるかを説明します。

1 KPIマネジメントの本質

最初に、KPIマネジメントの経営管理手法としての本質を紹介します。それは、連鎖性の向上、見える化の進展、共通言語づくりの3点です。

1・1 連鎖性の向上

第1章で述べたとおり、KPIマネジメントでは、成果KPIとプロセスKPIをセットで設定していきます。これらは、ある組織階層のプロセスKPIがその下位の組織階層の成果KPIになるという関係にあります（図2・1）。KPIを全社・事業・部といった階層に応じて設定すると、経営管理指標が組織内で合理的に連鎖するようになります。これを連鎖性の向上機能と呼びます。

本章の最後で改めて触れますが、連鎖性の向上機能は、組織内のタテの階層だけでなく、部門間などのヨコの連携強化にもつなげることができ、組織の目標達成力や戦略遂行力の向上に寄与します。

図2・1　KPIによる経営管理指標の連鎖性の向上

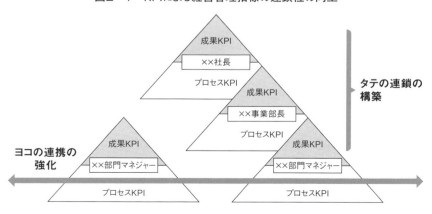

1・2　見える化の進展

　KPIマネジメントは、まさしく読んで字のごとく、さまざまな経営活動を指標化してマネジメントしていく取組みです。指標化・定量化することで、経営活動の客観的な数値情報としての見える化が進みます。これを見える化の進展機能と呼びます。

　ここでは、2つの点での見える化について触れておきます。まず「達成すべきこと」の見える化です。主に成果KPIによってもたらされます。各組織階層で何を達成すべきなのか、そしてその達成状況や達成見込みはどうなのかがわかるという機能です。

　もう1つは「やるべきこと」の見える化です。主にプロセスKPIによってもたらされます。目標達成のために、高めるべきこと、やるべきこと、欠いてはならないことなどが、定量的な指標として明確になるという機能です。

　その中でとくに強調したいのは「やるべきこと」の見える化機能です。「達成すべきこと」は多くの企業で見える化されており、さほど難易度が高いものではありません。しかし「やるべきこと」の見える化は、多くの企業で取組みが不十分な状況です。KPIをうまく活用して効果を上げるためには、「やるべきこと」を見える化していくことが必要です。

1・3　共通言語づくり

　KPIのような定量化・指標化したものがない状況を想像してみるとよいでしょう。共通言語なしに定性的な表現だけでやり取りをすると、同じ事象であっても、各人の捉え方や言葉の遣い方によって、異なった形で表現されてしまいます。その防止のために言葉の定義をしますが、定義のつくり込みにもまた限界があります。

　これに対してKPIマネジメントでは、KPIという定量化・指標化したものを用いることによって、指標の意味することへの認識を揃えやすくなります。また、活動や成果の良否が指標・数値データで表現されるの

で、客観的に確認・討議できるようになります。その結果として、同じ事象には同じ表現と共通のモノサシでやり取りできるようになるのです。これを共通言語づくり機能と呼びます。

組織規模が大きくなるに従い、組織が階層的になる、地理的距離が離れるなど、経営管理の複雑性は増していきます。たとえば海外拠点展開を進めると、拠点間で文化的な背景が異なります。このような状況において共通言語や共通のモノサシをつくるのは、決してたやすいことではありません。経営管理の複雑性が増していく状況においては、KPIマネジメントが持つ共通言語づくりの機能がより効果を発揮します。

＊

以上の3点が、KPIマネジメントが持つ本質ないしは根源的な価値です。以降では、これらKPIマネジメントの本質が、チーム・個人・組織運営にどのような効果をもたらすかについて説明します。それぞれの効果は、これまでに述べた3つの本質が組み合わされることによって実現しています。

2 KPIでチームが良くなる

最初に、部・課・グループといった比較的小さな組織体（ここではチームと表現します）での効果について整理します。

2・1 やるべきことが計画化される

KPIを活用すると、チーム内それぞれのタスクやテーマでやるべきことが明確になり、かつ計画化されるという点が挙げられます。

チームにおけるタスクやテーマの目標がある程度明確でも、何を行うかが明確化されていないケースは多いものです。目標のない計画はありませんが、計画のない目標はどの組織にも散見されます。

こうした場合、KPIを活用することで、目標達成に向けて「何を」「いつまでに」「誰が」「どのレベルまで」実施するかが明確になるという効

果があります。KPIマネジメントに限らないと思われるかもしれませんが、KPIを用いることで、単なる作業設計・タスク設計では得られない、次のような効果をもたらすことができます。

● 目標や成果を意識した中で、やるべきことが整理できる

　成果KPIとセットでやるべきこと（プロセスKPI）を検討するので、それで本当に目標に達するのかという視点でチェックができるようになります。

● 「どのレベルまで」実施するのかが明確になる

　やるべきことが定性的には整理されていても、どの水準まで行うかまでは明確化されていないケースが多いのではないでしょうか。プロセスKPIを用いることで、やるべきことの実施水準が検討されるとともに、それが本当に実行可能なのかという資源・リソース（ヒトの工数や費用予算など）の視点からのチェックもできるようになります。

● 計画化のレベルが上がる

　以上のような視点でやるべことを整理・検討するので、「誰が」「いつまで」という担当・期限面での作業計画が、より詳細に設計されるようになります。

2・2　優先順位が明確になる

　これは、チーム内での複数のタスク間やテーマ間における効果です。2・1で述べた「やるべきこと」の明確化を、チーム内の主要なタスクやテーマに対して行ったと想定しましょう。チームでの資源・リソースには限りがあります。やるべきことを具体化していくと、資源・リソース不足に陥るケースがあります。このような場合は、優先順位をつけなければなりません。KPIを用いることで、優先順位の検討に際して、次のようなメリットがあります。

● 主に成果KPIが設定されていることによるメリット

　タスクやテーマがもたらす成果（経営やチームにとっての重要度）の観点からの検討を助ける

● 主にプロセスKPIに設定されていることによるメリット

資源・リソースの配分を、定性的な感覚ではなく、定量的に判断・調整することを助ける

タスクやテーマごとの成果KPIとプロセスKPIが明確であるということは、すなわち「どのような資源・リソースの投入によって、どのような成果を得られるか」を明確化しているということです。これにより、一定のバランスを持って目標水準の設定や、資源・リソース配分の調整ができるようになります。もし定量的な情報がなければ、「感覚による判断」「ゼロか1かといった判断」をせざるを得なくなるリスクが生まれます。

2・3 「うまくいっている／いっていない」がタイムリーにわかる

上記の2点は、タスクやテーマの主に計画段階での効果ですが、次の2点は実行段階における効果です。

まず、タスクやテーマが「うまくいっている／いっていない」「うまくいきそうか／そうでないか」を定量的に把握できるという点です。これは、主に成果KPIの設定・活用によってもたらされる効果です。

皆さんの会社では、すべてのタスクやテーマが、達成すべき目標の水準レベルまで明確になっていますか。また、期の途中で、それぞれの目標の達成見込みや期末の着地見込みがタイムリーに把握できる形になっていますか。データをタイムリーに把握するには個々の設計が必要ですが、達成見込みや着地見込みを何らかの形で見える化していると「うまくいっていない状態」「うまくいきそうにない状態」を早目に認識し、早目に対策を打つことができます。その点からも成果KPIを設定する意義があります。

2・4 「やるべきことができている／できていない」がタイムリーにわかる

もう1つは、タスクやテーマにおける「やるべきこと」が「できてい

る／できていない」を定量的に把握できるという点です。主にプロセスKPIの設定・活用によってもたらされる効果です。

　先に述べたとおり、良い成果を上げるにはプロセスを管理しなければなりません。管理すべきは、成果につながる重要成功要因です。計画段階で「高めるべき」「やるべき」と考えた指標や活動が実際に高まっているかや、できているかは、当然フォローされなければなりません。目標の達成状況や着地見込みを追いかけるよりも大切なことだといってよいでしょう。プロセスKPIを設定・活用することで、それらを定量的に確認することが可能になります。「やるべきこと」は定性的に示される場合が多いので、これを定量的に確認できるようになることで、実行段階のフォローを、より具体的に進めることができます。

　やるべきことができていないのには、それなりの理由があります。できていない事実を追究するだけなく、理由の把握や以降の対応策に繋げていくことが大切です。

　取り組んでもいないのに、たまたま成果が出たというケースもあるので、結果だけではなく、プロセス・過程を踏まえて把握しましょう。これらは、KPIを活用した振返り活動の進め方として、改めて第7章で整理します。

2・5　PD「CA」のタイミングと内容がレベルアップする

　チームとしてのPDCAにおいて、とくに「CA」（Check―Action）のタイミングとその内容のレベルが向上します。これは、2・1～2・4の合算として起こる効果であり、具体的には以下の点が挙げられます。

● チェックのタイミング：
　プロセスKPI（高めるべきこと・やるべきことは何か）を設定することで、仕事の進捗状況・実行状況をチェックすべき時期が明確になり、先手を打って管理できるようになる

● チェックポイント：
　プロセスKPIそのものがチェックポイントとなり、それが定量的に設

定されていることで、進捗状況・実行状況の良否がより具体的に把握できるようになる
- **修正アクション：**
成果KPI—重要成功要因—プロセスKPIの検討において、成果を得るための仮説・シナリオを設定しているので、成果が見込めない場合でも、何をどのように修正すべきか、見直すべきかが検討しやすくなる。また、要因分析も容易になる

2・6　上司・部下のコミュニケーションが活発化する

　これも2・1〜2・4の合算として起こる効果ですが、チームにおける上司・部下のコミュニケーションが活発化します。

　上司・部下間のコミュニケーション不足の要因は、上司や部下のパーソナリティの問題、組織風土的な要因などさまざまです。KPIマネジメントに取り組むと、チーム内でのコミュニケーションが活発化します。それには、先に紹介したKPIマネジメントの本質のうち、見える化の進展の機能と共通言語づくりの機能が寄与しています。

　見える化の進展の機能については、成果KPIとプロセスKPIを具体的に検討・設定していく過程そのものが、上司・部下のコミュニケーション機会を増やします。成果は何か、そのための重要成功要因は何か、高めるべきことは何かをチームとして検討していくからです。

　また、KPIとして指標化を進める際に、同じ言葉・定義で測る指標を討議・決定していくので、同じ事象を1つの言葉で表現するという共通言語づくりが進みます。これは、単にコミュニケーションの機会が増えるだけでなく、上司・部下で認識を擦り合わせることになり、コミュニケーションの質も高まります。

　上司・部下のコミュニケーションの活発化は、一見KPIマネジメントの副次的な効果のように捉えられがちですが、コミュニケーションの活性化こそが狙いであり、効果であると捉えている企業も多くあります。

　以上、6つの効果を図2・2に整理します。これらは相互に関係し合

図2・2　KPIでチームが良くなる

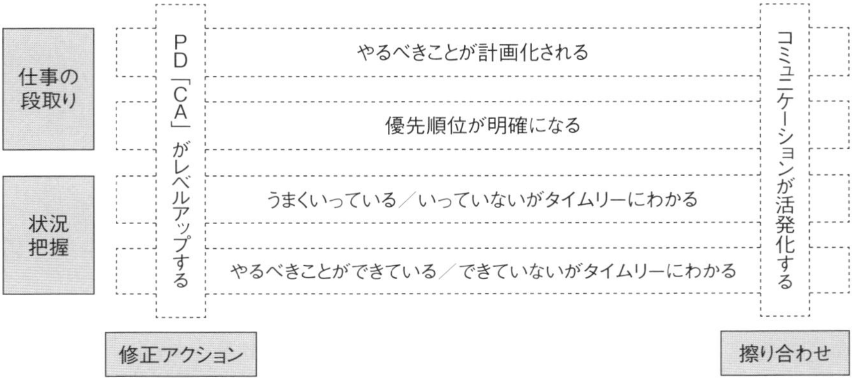

仕事の段取り	PDCAがレベルアップする	やるべきことが計画化される	コミュニケーションが活発化する
		優先順位が明確になる	
状況把握		うまくいっている／いっていないがタイムリーにわかる	
		やるべきことができている／できていないがタイムリーにわかる	
修正アクション			擦り合わせ

いますが、さらにそれを総括すると、「仕事の段取りが良くなる」「状況把握がタイムリーかつ具体的になる」「修正アクションのタイミングと質が良くなる」「チーム内での認識の摺合せが高まる」という効果に繋がっていると整理することができます。

3 KPIで個人が成長する

次に、KPIマネジメントによって、チームの構成員である個人に生まれる効果を整理します。これらはすべて、チームにもたらされる効果と相互に関係しています。

ここでは、担当者レベルの効果と管理者（マネジャーやグループリーダなど）レベルの効果に分けて整理します。

3・1　担当者レベルで見られる効果
（1）目的意識が高まる

KPIを活用すると、仕事に対する目的意識が高まるという効果があります。これは、KPIマネジメントの本質のうち、とくに連鎖性の向上の機能が寄与しています。各自が担うタスクやテーマに対して、KPIマネ

ジメントに取り組む中で「成果・目標はなにか」「そのための重要成功要因は何か」「そのためには何に取り組むべきか」を考えるようになります。とくに成果・目標とのつながりで捉えていく点がKPI活用の特徴だといえるでしょう。目的をしっかりと理解した上で仕事の設計を進めていくことができるようになります。

（2）早目に手を打つクセがつく

KPIを活用して仕事を進めると、早目に手を打つクセがつきます。これはとくに見える化の進展機能が寄与しています。

前述のとおり、KPIを活用することで「うまくいっている／いっていない」「やるべきことができている／できていない」の状況把握が、タイムリーかつ定量的に認識でき、状況を早目に具体的に把握できます。「見える化・見せる化」を進めることで、否が応にも状況を把握・認識するといえるのかもしれません。

状況を把握・認識した上でどう対応するかは個人に依存する部分ですが、個人が状況に応じて早目に次の手を考えるとか、早めに手を打つことなどにつながるのは間違いありません。管理者が先手をとって管理していくと、さらに個人への効果は高まります。

（3）仕事を早く覚える

KPIを活用すると、担当レベルの仕事の習得スピードが高まるという効果があります。これはKPIマネジメントの本質のうち、とくに共通言語づくりの機能が寄与しています。

KPIの設定・活用を通じて上司・部下との間のコミュニケーションが活発化する過程で、それぞれの仕事に対する期待値や達成水準を、具体的かつ定量的にやりとりするようになります。また重要成功要因の検討などで、成果をあげるための肝について考えたり、上司・先輩から教えてもらう機会が増えます。仕事の目的や意図を、確認・擦り合わせしながら進めることは、担当者にとっては仕事を早期に習得する上での非常に大切なポイントです。結果的に仕事を習得するスピードが高まるという効果が生まれます。これは、伝授する側の管理者のスキル向上にも寄

与します。

（4）常に考える／工夫が生まれる

　KPIを活用すると、担当者が常に考え、工夫をするようになるという効果があります。ただしこれは、担当者の巻込み方次第で付加される効果だと考えてください。管理者側はあくまでサポートに徹し、担当者に重要成功要因やプロセスKPIの検討・見直しを委譲するような形で進めた場合に期待できる効果です。

　KPIマネジメントでは、常に成果とプロセスをセットで捉えて進めます。単にタスクや作業をこなすというのではなく、どのような目的・狙いで行うのか、目標達成にどう寄与するのかを意識させるのです。担当者への権限委譲が進めば進むほど、担当者自身もより成果を意識して考えるようになり、工夫や見直しが生まれやすくなります。

3・2　管理者レベルで見られる効果

（1）目標達成意識が高まる

　KPIを活用することで、管理者レベルの目標達成意識が高まるという効果があります。これはKPIマネジメントの本質のうち、とくに見える化の進展機能と、連鎖性の向上機能が寄与しています。

　中間管理者層は、ややもすれば、成果や目標の達成を忘れがちです。KPIマネジメントでは、成果KPIという形で目標や実現状態をできるだけ定量的に設定するので、その段階で成果・目標の達成をより意識して仕事を進めることにつながります。

　また、単に成果目標を示すだけでなく、そのための重要成功要因・プロセスKPIも合わせて検討していくので、その過程で、成果の上げ方にも意識が向かうようになります。KPIの設定だけで目標達成力が高まるといった単純なことではないですが、管理者の目標達成意識の向上を期待することはできます。

（2）方向性とやるべきことを具体的に示すようになる

　KPIを活用すると、管理者がチームや担当者に対して、方向性とやる

べきことを具体的に示すようになるという効果があります。これはKPIマネジメントの本質のうち、とくに見える化の進展機能と共通言語づくりの機能が寄与しています。

　管理者が、方針・方向性を十分に示せないでいるケースはよく見受けられます。そのような場合は、目標必達の意識や行動が明確になっていないのではないでしょうか。

　KPIマネジメントでは、プロセスKPIの設定を中心に、目標達成のために何を・どのレベルまで行うのかを明確にします。これはまさしく、管理者が方針そのものを具体的な目標水準・実行水準で示すことにほかなりません。その際、コミュニケーション機会が増え、リソース配分の優先順位など、検討点が生まれてくることもあります。場合によっては、リソースの補強の検討をしてもらう必要性を認識することにもつながります。

　管理者の役割とは、このように優先順位の検討や、資源・リソースのリクエストを明確にするという点があります。KPIを活用したマネジメントは、それらを定量的かつ具体的に検討することを促進します。

（3）自らのチェックポイントが持てるようになる

　KPIを活用することで、管理者自らが管理ポイントやチェックポイントを持てるようになるという効果があります。これはKPIマネジメントの本質のうち、とくに見える化の進展の機能が寄与しています。これは、チームにおける効果でも述べた「うまくいっている／いっていない」「やるべきことができている／できていない」がタイムリーに把握できるようになるという点からきています。

　管理者にとっては、成果KPI―重要成功要因―プロセスKPIを検討し、それらをどうPDCAの中で把握・確認するかを整理することで、仕事のチェックポイントを確認することにつながります。さらに自らが気づいた改良点をチェックポイントに加えていければ、自らの言葉でタスクやテーマの「肝」を語ることができるようになります。そうなると、管理者各人の特徴・強みを背景としたマネジメントスタイルが構築できるよ

うになります。これらは、KPIマネジメントに継続的に取り組んでこそ期待できる効果です。

(4) 上位の視点に立って考えられるようになる

最後に、管理者が1つ上の組織階層や組織全体の視点に立って考えられるようになるという効果があります。これはKPIマネジメントの本質のうち、とくに連鎖性の向上機能が寄与しています。

前述のとおり、上位組織のプロセスKPIが下位組織の成果KPIになります（図2・1）。組織の中間層に位置する管理者にとっては、上位の組織の成果―重要成功要因―プロセスKPIが自らの担当領域のKPI検討のインプットになります。その過程で、上位組織の戦略上の意図や、課題認識に触れるを理解することができます。結果として、上位組織や事業・組織全体の視点で考えられるようになります。

この「1つ上位の視点」は、管理者に限らず担当者にも期待できる効果です。チームやタスク・テーマの目標や重要成功要因などに触れることによって、担当者自身がより大きな視点から自身の業務を捉えられるようになります。

連鎖性の向上の機能が組織全体にもたらす効果については、次項「KPIで組織力が高まる」において、タテ・ヨコの連鎖として改めて記述します。

図2・3　ヒトの側面からの成果

◎自部門の期待役割を見直し、何が求められているのか（成果KPI）、そのために重要となるプロセスは何か（プロセスKPI）を考え、定量・定性的に説明できるようになった
◎部門、個人レベルで、成果KPIを達成するためのプロセスKPIを管理できるようになった
◎成果KPI・プロセスKPI達成のために自ら抽出した課題に対して、問題意識を持って取り組むようになった
◎自身が担当している仕事の中での優先順位付けが明確になった
◎先手管理的に取り組むべき事項の検討や状況確認を行うようになった
◎タスクを推進するチームのメンバーとの意識合わせの機会が増え、認識が共有できた
◎チーム内・チーム間のリソース（資源）配分を討議できるようになった

図2・3は、KPIマネジメントに取り組んだ企業で、ヒトの側面で実感として感じられた効果・成果を推進に携わった方々の声としてまとめたものです。チームにおける効果、個人における効果が具体的に表れたものとして参考にしてください。

4 KPIで組織力が高まる

次に、チーム・個人に生まれる効果を踏まえて、全社や事業部レベルにおいて組織力・マネジメント力の側面でもたらされる効果を整理します。

ここで、間違って捉えがちな、KPIマネジメントの経営管理手法としての特徴について触れておきます。KPIマネジメントは、指標化・定量化に基づく経営管理手法なので、ややもすると、数値・データによってデジタル的な管理をするものだと捉えられがちです。しかし、少なくとも組織力・マネジメント力の向上効果を得るためには「デジタルに管理する」手法として捉えてはなりません。

筆者は、指標化・定量化という側面(デジタルの側面)を基本手段としながらも「成果を達成するための重要成功要因を考える」「その仮説・検証をする」「その過程で組織内のコミュニケーションを活発化させる」といったアナログ的な側面を組み合わせることで、大きな効果が得られると考えています。デジタルとアナログの組合わせが大切です。

以上を踏まえて、組織力の面での効果として「戦略遂行・目標達成力」と「組織運営・マネジメント力」の2つの側面から整理します。

4・1 戦略遂行・目標達成力の向上
(1) タテ・ヨコの連鎖・連携の強化と管理職の責任体制の明確化

まず、既に述べた連鎖性の向上機能が、組織全体での戦略遂行・目標達成力の向上に寄与します。図2・4は、KPIを活用することで、組織内にタテ・ヨコの連鎖が高まることを示しています。タテの連鎖については既に触れました。上位の組織のプロセスKPIが下位の組織の成果

図2・4 KPIマネジメントによる連鎖性の向上

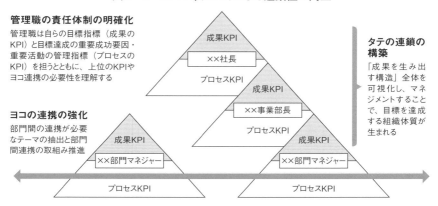

KPIとなり、全社や事業の目標を頂点としてKPIで合理的に連結する形ができます。

　部門や現場レベルの目標は相応に達成しているのに、全社や事業レベルの目標は未達になるケースがあります。このような場合は、とくに財務目標についてのKPI設定において、タテの連鎖が不十分であるといえます。事業全体の財務目標をしっかりと構造展開して、構造展開した結果の各目標値を下位の組織階層の成果KPIとして設定し、その達成のためのプロセスKPIに展開していくことが重要です。

　このように、タテの連鎖をKPIでしっかりとつくり込むことで、成果を生み出す構造全体が整理され、かつ可視化されることになります。もちろんKPIを設定・可視化するだけで目標が達成されるわけではないですが、少なくともその基盤を整えることはできます。

　次に、ヨコの連鎖・連携においては、上位組織ないしは事業レベルでのKPIを共有することが大切です。図2・4でいえば、部門レベルのKPIの検討を進める際に、単に部門だけではなく、上位である事業部や全社のKPIを視野に入れて検討・討議することが大切です。

　上位組織のKPIや課題を踏まえると、通常、部門間で連携して解決すべき事項が出てきます。たとえば製造・販売の連携での在庫低減の課題

であったり、販売と開発の連携による製品開発のスピード向上、管理と販売の連携による見積り金額の精度向上などです。

これらを「部門間連携での取組みテーマ」と呼びます。全社や事業としての目標達成の観点では、こうした部門間連携で課題解決を進めるべき事項をしっかりと洗い出すことが重要です。そして、KPIマネジメントの面からは、これら「部門間連携での取組みテーマ」に対してもKPIを設定します。その際、部門レベルと同様に、その取組みテーマが解決したことを示す指標と水準を成果KPIとして設定するとともに、その達成のための重要成功要因や重要な取組み課題を明確にして、それらを踏まえて取組みテーマに対するプロセスKPIを設定していくのです。

部門間連携の取組みは、もともと単一の部門だけでは解決できず、部門間の利害対立やトレードオフの関係にあるケースが多くなります。そのため、ややもすれば取組みが放置されがちになり、「永年の課題」として取り残されているケースが多いようです。テーマの抽出だけでなく、定量的な目標と行うべきことを具体化して、推し進めていきましょう。これによって組織としての課題解決能力が高まり、他社に対して組織力の面での優位性を持つことにつながります。

タテ・ヨコの連鎖・連携を組織を率いる管理職の立場から見ると、各

図2・5　上位のKPIを共有する

自部門の目標達成にこだわると同時に、他部門を含めた上位のKPIを共有・認識することが大切
上位のKPIを共有することで、全体最適化への動きとタテ・ヨコの連携が高まる

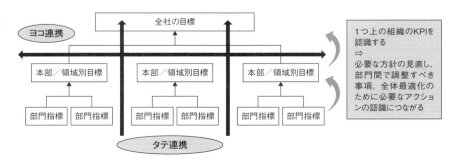

管理職の持ち場の責任として何を達成するべきかが明確になるということです。すなわち、管理職の責任体制の明確化です。その中には、持ち場の責任としての自部門のKPIとともに、上位のKPIや他部門との連携の必要性も踏まえてKPIを設定していくことが含まれています。

図2・5は、ある企業がタテ・ヨコの連携の必要性を説明していく際に用いている資料です。この企業では、「上位のKPIを共有する」という考え方を、KPIマネジメント推進における重要な考え方の1つとして、管理職層に浸透させています。

(2) 戦略シナリオ・戦略意図の共有

次に、タテ・ヨコの連鎖・連携強化と被る部分もありますが、KPIマネジメントの効果として、組織内で目標達成のシナリオや戦略意図が共有されるという点が挙げられます。

第1章の図1・6で戦略マップを紹介しました（戦略マップについては、第4章でKPIマネジメントの実践として改めてその活用法を説明します）。KPIマネジメントでは、KPIの設定に先行・並行して、組織や事業全体が何を目標としているか、何を戦略課題として考えているか、戦略課題をどのような方策で解決していくかという点を戦略マップという形で整理していきます。それにより、戦略シナリオや戦略意図の組織内への共有・浸透が進み、定量的な達成目標が設定できます。

組織の戦略遂行・目標達成力の良否には、戦略そのものの良否もさることながら、戦略シナリオや戦略の意図を管理者層がしっかりと認識し、動く準備ができているか、という点が大きいでしょう。KPIマネジメントの取組みは、その点について、定量面（KPIの設定）・定性面（戦略マップの整理・共有）から支え、組織の実行力の強化につながる管理手法となっています。

図2・6は、複数の事業を行っている企業が全社的なKPIマネジメント活動に取り組んだ際の全体的な枠組みを示しています。事業レベルの戦略マップと戦略目標の設定、部門レベルのKPI設定、個人の目標設定とのリンクが主な取組み要素となっています。この会社では、タテ・ヨ

図2・6 KPIマネジメントの取組みの枠組み（モデル例）

事業目標と部・個人の目標をKPIで連携させて、組織・個人の目標達成力を強化

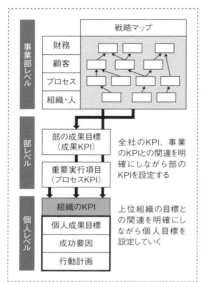

○事業部別に戦略マップと戦略課題別（1つひとつに対して）に目標指標を設定
○事業部の目標を達成するための部のKPIを「成果目標」と「重要実行項目」として設定
○事業部・部のKPI（組織KPI）をベースに全社員を対象に個人目標（個人KPI）を設定。その際にどの組織KPIのための個人目標であるかの紐付け（→）を明確にしながら設定

◎事業の目標・課題と部の目標・実行項目との連鎖性の向上
◎個人目標と組織目標の連鎖性の向上
◎目標設定を通じた上司・部下のコミュニケーションの活発化

(補足) 部門間連携の強化
戦略マップの戦略課題別の目標指標のうち、複数の部が関係している目標指標を、「共同KPI」として部の成果目標の上位に位置づけた
→部間で連携して達成すべき目標・実行すべき活動についての対応スピード・連携内容のレベルアップ

コの連鎖性の向上、戦略シナリオの共有という組織や事業全体での効果とともに、個人の成長を視野に入れたKPIの活用までをも含んでいます。チーム・個人・組織のレベルアップを推進する上で、モデルとなる取組みの体系として参考にしてください。

4・2　組織運営・マネジメント力の向上
（1）権限委譲とリスクマネジメントの同時実現

　組織運営やマネジメント力向上の面への効果として、権限委譲に寄与する管理手法であるという点を強調しておきます。

　KPIマネジメントは、デジタルとアナログの側面が組み合わさった管理手法です。これが、権限委譲をうまく推進する上で大きく役立ちます。

　権限委譲を進めると、下位の職制や組織に、仕事の設計と推進と進捗管理を任せていくことになります。それ自体はKPIマネジメントの手法

とは関係なく、組織運営の方針として考えるものです。実際には、人員・人材の不足や、管理者のマネジメントスキルの不足を懸念して権限委譲に踏み切れないケースも多いでしょう。

　KPIマネジメントでは、達成すべき目標ややるべきことを、一定のつながり（連鎖性）をもって定量的かつ具体的に設定していきます。また、指標化・定量化することで、上司や他のメンバーから見たときに、何をどのように進めようとしているかが見えやすい形になります（見える化）。さらに、KPIの設定・活用を通じて共通言語がチーム内・組織内にできていきます。

　つまり、下位の職制の人に自らのタスクやテーマの検討・設計をしてもらう一方で、業務のリスクマネジメントの観点からは、検討の視点や取組み事項の不足、進捗上の不具合などが把握しやすい形になるのです。成果KPIやプロセスKPIを用いることで、上位者が管理ポイント・チェックポイントを設定するということも行いやすくなります。

　このように、KPIマネジメントは権限委譲の推進に寄与するとともに、その際に懸念される業務リスクを減らすという双方に寄与する管理手法です。権限委譲とリスクマネジメントを同時に実現するといってもよいでしょう。

（２）曖昧さの排除

　次なる効果は、組織運営における曖昧さが排除されるという点です。これは文字どおり、KPIマネジメントが「KPI」（指標）を活用した経営管理手法であるからこそ生み出される効果です。

　目標を達成する組織の特徴の１つに「意見よりもデータ」を重視する点があります。KPIマネジメントは、まさしく指標・データを中心とするので「意見よりもデータ」を実践することに適した手法です。

　経営管理において、指標・データを用いる最大のメリットは曖昧性の排除です。定性的な感覚や意見だけでは、アカウンタビリティの面で十分とはいえません。指標・データを用いると、成果や活動の良否に対しての曖昧性が排除されるので、組織内の納得感を高めることにつながり

ます。

　組織規模が大きい企業であったり、組織階層が複雑な企業では、経営管理における曖昧性を極力排除しなければなりません。また、海外拠点や海外現地法人（子会社・関係会社）間の経営管理やガバナンスのあり方に課題を感じている企業も多いでしょう。とくに海外拠点や海外現地法人との間では、いわゆる「阿吽の呼吸」といったような定性的ニュアンスで経営管理をすることはお勧めできません。こうしたマネジメントスタイルを続けている企業の多くは、グローバル化への対応に苦労しているようです。KPIを活用した経営管理は、曖昧性を排除するという効果があるので、このような企業には、とくにその活用をお勧めします。

　余談にはなりますが、指標・データの重視と、指標・データのみでデジタルに組織やヒトを管理・評価・判断することとは別です。「評価には正解がない」と言われるとおり、指標・データを用いても正しく評価をするのは難しく、指標・データのみで評価しても、それが組織に有益だとは限りません。筆者の経験では、指標・データだけで評価して組織運営に良い効果が生まれるケースはあまりありません。

　本書の主題ではありませんが、評価はいかにして納得感を高めるかということに主眼をおいて、評価の行い方やプロセスを設計すべきです。一方、KPIの活用は、評価における納得感を高めるための一助にはなりえます。評価制度を設計する際には、KPIをうまく活用するという視点を持つと良いでしょう。

（3）組織内コミュニケーションの活発化

　繰返しになりますが、KPIマネジメントは組織内のコミュニケーションを活発化させます。これは、チームだけではなく「タテ・ヨコの連鎖・連携」を含めた組織全体のコミュニケーションが増える効果があります。KPIマネジメントによる非常に大きな効果です。

（4）中長期の目標に継続的に取り組む

　最後に、中長期の目標に継続的に取り組めるという効果が挙げられます。この点は、KPIマネジメントに取り組む目的をどこに置くかによっ

図2・7 中長期の競争力強化に向けた取組みとKPI

「ビジョンや中長期の目指す姿」に近づいていくための「重要戦略課題」を整理・共有化し、それらの重要戦略課題に対する「目標・施策・進捗目標」などを明確にする

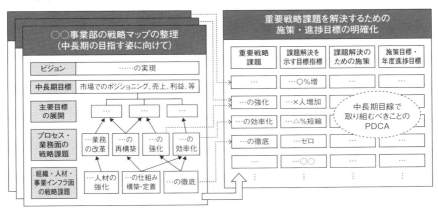

て、効果として表れるかどうかは変わってきます。

　指標・データに基づくKPIマネジメントは、短期的な目標達成に有効な管理手法だと思われがちですが、必ずしもそうではありません。**図2・7**をご覧ください。全社・事業の目標は、短期の目標だけではなく、ビジョンや中長期の目指す姿が掲げられます。そして、そこから中長期に向けた重要課題が設定されます。図のように、中長期の目指す姿などを頂点とした戦略マップの作成や戦略課題の整理を行うことで、中長期で対処すべき課題を明確にすることができます。

　KPIマネジメントの手法が寄与するのはここからです。その課題に対して、達成目標や必要な施策、年度ごとのKPIを設定していくのです。中長期で対処すべき課題は、重要かつ大きなテーマであるにもかかわらず、組織的な事情で手をつけられないまま放置されがちなテーマです。この中長期の課題に対して、KPIを設定することで、短期の目標達成ばかりに寄らないよう、組織としてバランスを取っていくことが可能となります。また、年度などの会計期間を超えて活動の継続性を維持できるようになります。KPIマネジメントの目的をどこに置くかによりますが、

組織にとって効果の大きい活用方法の1つです。

　KPIマネジメントの組織運営やマネジメントの側面での効果として4点を挙げました。**図2・8**は図2・6のKPIマネジメントへの取組み企業において、その効果として実感できたことをまとめたものです。この章で述べた効果が現れた具体例として参考にしてください。

図2・8　組織運営の側面の成果

- ◎バランスト・スコアカードや中期目標などをインプットとすることで、戦略達成へのシナリオや目標達成に向けたロードマップが明確になる
- ◎経営層から部門、個人レベルへの繋がり（タテの繋がり）、事業、部門間の繋がり（ヨコの繋がり）が整理され、全社的な管理ができるようになる
- ◎今まで取組みが遅れがちになっていた部門間連携での取組み事項の具体化が進む
- ◎成果KPIを達成するための重要なプロセスに着目し、効率的かつ効果的な管理ができるようになる
- ◎組織としての成果を求めながらも、各部門・現場に権限移譲（現場で目標と取組みを考える）が可能となる
- ◎組織内の各階層でのコミュニケーション機会の創出に寄与する

第2編
KPIマネジメントを実践しよう

本編では、アットストリームが、実際にKPIマネジメントをどのように支援しているかを解説します。さまざまな業種・業態を支援していますが、原理原則となる考え方、基本手順は同じですから、参考にしてください。

第2編
KPIマネジメントを実践しよう

本編のポイント

第3章

▶ KPIの全体像を理解する
　―基本用語を知る
　―成果KPIとプロセスKPIの関係を理解する
　―CSFとプロセスKPIの関係を理解する

▶ PDCAとKPIの関係を理解する
　―Planフェーズ
　―Do/Checkフェーズ
　―Actionフェーズ

▶ KPIマネジメントの進め方を理解する

第3章
KPIマネジメントの基本手順

本章では、本書で使用する言葉の定義を再整理するとともに、KPIマネジメントの重要なポイントを整理します。まず改めて「KPI」と「KPIマネジメント」の違いですが、KPIとはKey Performance Indicatorの略で、組織・個人の成果、並びに業務・活動の良否を示す経営指標を指しています。一方、KPIマネジメントとは、KPIの指標を活用して、実際にPDCAを管理する（＝マネジメントする）ことを指します。

では、まずKPIに関する基本用語の定義と全体像、そして重要な考え方を理解しましょう。

1 KPIの全体像を理解する

1・1 基本用語を理解する

本書では、KPIを成果KPIとプロセスKPIに分けて扱っています（**図3・1**）。

（1）成果KPIとプロセスKPI

成果KPIとは、業務活動の最終的な成果を測定する指標で、「KGI（Key Goal Indicators）」「目標指標」と呼ばれることもあります。通常の目指すべき成果は、売上を上げる、利益を確保することになるので、売上高や利益額が成果KPIとなります。

一方、プロセスKPIとは最終成果を創出するための活動やプロセスを測定する指標であり、「目標指標」に対して「管理指標」と呼ばれることもあります。成果KPIに対しては先行指標（成果創出に先立って変動する指標）になり、売上高が成果KPIであるならば、営業活動における提案数や新規契約数などがプロセスKPIとなりえます。

（2）CSFとは

プロセスKPIを考えるうえでもっとも重要なのがCSFです。Critical Success Factorsの略で、重要成功要因と訳します。最終成果を創出するための活動の中で、とくに最終成果に大きな影響を与える活動を指します。

図3・1　成果KPIとプロセスKPI

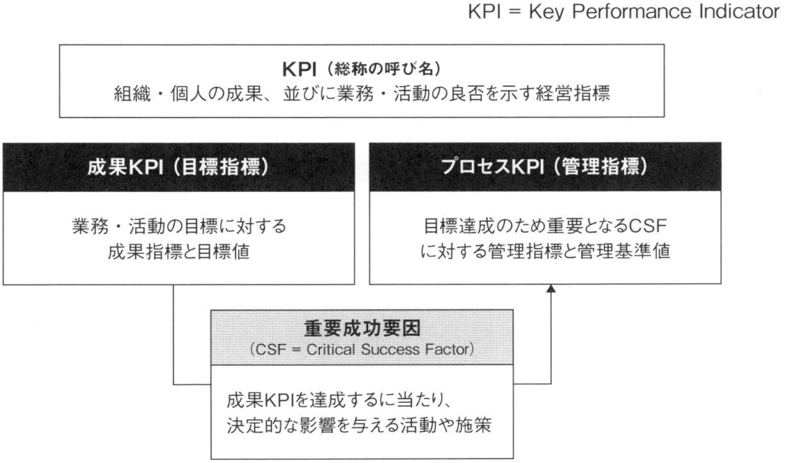

KPI = Key Performance Indicator

KPI（総称の呼び名）
組織・個人の成果、並びに業務・活動の良否を示す経営指標

成果KPI（目標指標）
業務・活動の目標に対する成果指標と目標値

プロセスKPI（管理指標）
目標達成のため重要となるCSFに対する管理指標と管理基準値

重要成功要因
（CSF = Critical Success Factor）
成果KPIを達成するに当たり、決定的な影響を与える活動や施策

　CSFで注意すべきは、自社の強みや弱みのほか、顧客や競合などの環境変化に伴って、常に変化し続けるという点です。たとえば、成長中の市場で非常に商品力のある製品を持つメーカーが売上高を成果KPIとするならば、新規顧客の発掘や提案活動がCSFとなりえます。一方、成熟市場であれば、新規の顧客を獲得するよりも、既存顧客の満足度を維持する継続的な訪問活動の方がより重要成功要因となりえます。このようにCSFは常に変化するので、定期的な見直しが必要です。

　KPIを活用しても目標が達成できない場合は、CSFを抽出しきれていないのかもしれません。集められるだけの経営指標であらゆる分析をしても、何がCSFなのかがわからなければ必要な意思決定などできません。KPIで効率的・効果的な管理をするためには、まずCSFをしっかりと抽出しましょう。

（3）CSFとプロセスKPIの関係

　プロセスKPIは、CSFとなる活動の達成度を測定するために設定します。あえてCSFを抽出したうえでプロセスKPIを設定するのは、KPIを活用してPDCAを管理していく際の重要なポイントとなります。管理に

必要な指標を可能な限り少ない数にとどめ、現場への負荷を下げることが、PDCA管理を継続的に行う近道となるからです。どの企業でも、人的、時間的リソースは限られています。その条件下でもっとも効率的・効果的にPDCAを管理できるようになります。

1・2　KPIの関係性を理解する

では、組織における成果KPIとプロセスKPIの関係性を整理しておきましょう。図3・2のように、組織目標が上位から下位に下りていくのと同様、上位組織のプロセスKPIは通常、下位組織の成果KPIになります。

上位KPIから下位KPIへつながる際には、大きく2つのパターンがあります。1つは、各部門や組織の機能別にプロセスKPIとして落とし込まれるパターンです。製造業でいえば、開発部門、製造部門、営業部門のほか、管理部門などとなるはずです。このパターンにおけるKPIの落

図3・2　成果KPIとプロセスKPIの関係

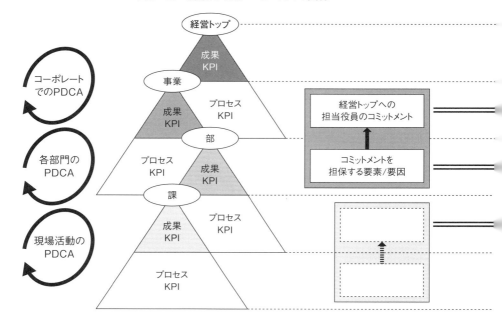

とし込み方については、第4章、第5章で説明します。

　もう1つのパターンは、特定の部門や機能ではなく、組織横断的な活動に落とされるパターンです。特定の経営課題に対して有期限に立ち上がる部門横断型のプロジェクト型業務などがこれに該当します。たとえば、経営企画部門と管理部門などが協働したグローバル経営管理の仕組みづくり、全社を巻き込んだ働き方改革など、ビジネス環境の変化に伴い、急速に求められる課題対応などがよくテーマとしてあがります。プロジェクト型業務については、第6章で解説します。

　このような通常業務、プロジェクト型業務を合わせて、企業目標は達成されます。

　こうして、さまざまなパターンで上位組織のプロセスKPIが下位組織や活動の成果KPIへと反映されます。この繋がりが意識され、現場でしっかりと活動に落とされていれば、全社目標は達成されることになり

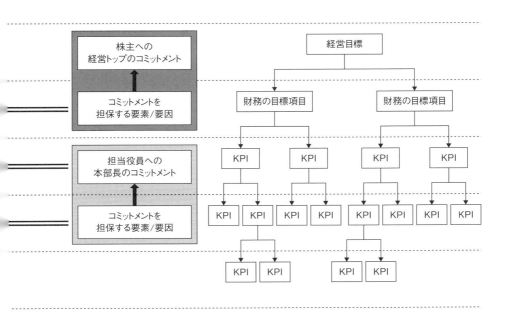

ます。KPIの繋がりを全体像をもって定義し、管理していくこと、これが本書のテーマでもある「KPIで必ず成果を出す目標達成の技術」の中軸となる考え方です。

1・3　PDCAにおけるKPIの活用─KPIマネジメントの実践

　KPIの設定がゴールではありません。KPIを活用してPDCAを回し、目標を達成できるようになることがゴールです。どの企業でも「PDCAを回せ」と言われますが、それができていないことが多いものです。以下は、クライアント先でよく見受ける例です。
・全体目標と各活動目標との間の連携が不十分である
・各活動が個別最適となってしまっている
・活動の実行に対するトレースができていない
・目標設定に向けた過程において問題が発生しても、必要な見直しがされていない
・上記の課題が学習されず、毎年同じことを繰り返している

　一方、うまくPDCAを回している企業は、KPIを上手に活用し、3つのことを実践しています。

　（1）タテのリンク

　KPIを活用し、経営層の財務目標から現場の活動目標までをリンクさせることで、相互関連性をもったPDCA体系を構築することを可能としています。

　（2）ヨコのリンク

　部門内の活動管理だけでなく、部門横断で共通目標を設定し、活動として展開しています。これにより、部門を越えた全社最適のマネジメントを実現し、全社としての成果に繋げることを可能にしています。

　（3）タテ・ヨコのリンクの整理・展開

　上記のタテ・ヨコのリンクの活動を可視化し、未達を結果として残さない先手管理を行っています。Planフェーズにおいて、成果KPIを明確にする過程を踏むことで、目標が具体的になります。売上数値に直結す

る営業部門などで目標を明確化している企業は多いですが、全社目標を達成している企業では、間接部門などにおいても経営に貢献をする目標を数値で具体化しています。

その上でさらに、この目標を達成するための重要成功要因を特定し、関係者で合意しています。これにより、Doフェーズ以降の活動や管理が、効果的、効率的に推進できるのです。Check・Actionフェーズにおいても、数ある活動の中から、問題がある活動だけをしっかりとトレースし、また活動の重要成功要因を踏まえて、より正しい意思決定を必要なタイミングで実施できるようにしているのです。

このように、うまくPDCAを回している企業では、全社的にKPIを展開し、合意・可視化することで、目標を達成できるような仕組みを構築しているのです。

2 KPIマネジメントの進め方を理解する

では、実際にKPIを活用し、PDCAを回す方法をPDCAの流れに沿って見ていきましょう。なお、部門別や活動別など、場面別のKPIの設定方法や参考となる考え方、ツールは第3編で解説します。

2・1　KPIを活用したPDCAの流れ

まずは、PDCAの各フェーズでKPIを活用する際に、押さえておくべきポイントを中心に解説します。図3・3は、KPIを活用したPDCAの進め方を示しています。

Planフェーズでは、目標を明確にしたうえで、成果KPIを設定するところから始まります。成果KPIの設定とは、最終目標を具体的に測定するための指標の特定と、達成する水準値の設定を指します。成果KPIが設定されたら、次にCSFの特定と、プロセスKPIの設定となります。成果KPI同様、ここでもCSFを測定する指標の特定と、達成すべき水準値の設定を行います。そして最後に、成果KPIを達成するために、いつ、

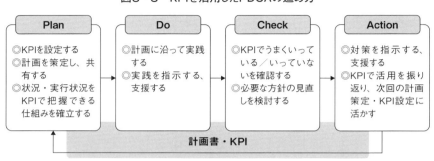

図3・3　KPIを活用したPDCAの進め方

　誰が、何を実施すべきかを抽出し、計画へと落とし込んでいきます。
　CSFの特定とプロセスKPIの設定は、計画の策定後でも良いのではと思われがちです。しかし、計画を先に策定するとCSFの特定が計画ありきになる傾向があります。そのため計画とは切り離して、あるべきCSFの特定を事前に実施したうえで、計画策定を行うことをお勧めします。
　CSFやプロセスKPIは、最終的な成果にとくに影響を与える要因のため、それらが意識された計画になっていなければなりません。日常の計画を作成する際にも実際にCSFを意識している企業では、計画上で色付けをするだけでなく、CSFとなる活動についてはより詳細にして具体性を上げたり、特別にリソースを投入したりすることで、CSFを実行するための計画を綿密に立てています。
　Doフェーズ以降は、KPIの観点からは、運用フェーズという位置づけになります。Planフェーズで策定した計画で活動を推進し（Doフェーズ）、実践経過や達成度合いをプロセスKPIで確認します（Checkフェーズ）。プロセスKPIが目標どおりであれば活動は順調と評価され、そうでなければ経過観察や、計画の見直し等の打ち手が必要になります。達成度の確認と必要な見直しを踏まえ、さらに活動を推進し（Actionフェーズ）、最終的には成果KPIの達成を目指していくことになります。

2・2　計画段階で9割が決まる

　PDCAを進めるにあたり、コンサルタントは「計画段階で活動の成功の9割が決まる」という言い方をします。そこで、計画策定には時間を費やします。では、なぜ計画の重要性を強調するのでしょうか。大きく3つの理由があります。

　計画の段階で、何の目的で、いつ、誰が、何を、どこまでやるのか、どのように進めるかなどを考えることで、活動内容を整理できるようになります。これにより活動する人にとっては、自分たちの方向性が定まるわけです。

　次に、活動では周囲を巻き込まなければなりませんが、その必要性を具体的な計画を共有して周囲に示すことで、合理的に協働を依頼できるようになります。これが、計画が重要であると言える2つ目の理由です。

　3つ目の理由として、計画が明確ならば、活動が順調でない場合に、それを客観的に認識できるという利点があります。活動は計画どおりにいけば問題ありませんが、常にそのとおりにいくとは限りません。とくに、昨今のように変化が激しい環境下ではなおさらです。その際に重要なのは、計画どおりでないことを客観的に認識し、必要に応じて計画を見直すということです。これが、PDCAのCHECKにあたります。

　一方で、計画自体が形骸化している企業もあります。計画策定が目的化してしまい、一度作成したら放置しているというものです。こうした状況が起こる最大の原因は、計画段階でどのようにCHECKするかを考えきれていないことです。そして、PLANはしてもCHECKはしない、つまりPDCAが回らないことが許容され始め、いつしか目標が達成されない風土ができあがってしまうのです。

　では、実際にKPIを設定する流れから見ていきましょう。KPIの設定は図3・4に示す手順で実施します。これらのステップに沿ってKPIを検討し、図3・5のような体系が整理されることを目指します。「成果KPIからCSFが特定され、プロセスKPIを設定する」を繰り返し、下位組織に展開していくのです。

図3・4　KPIの設定手順

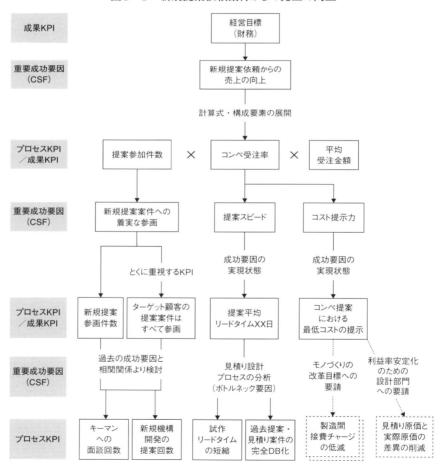

図3・5　新規提案依頼案件からの売上の向上

3 Planフェーズ：目標を明確にし、成果KPIを設定する

3・1　目標を明確にする

　ここでいう目標とは「どうなりたいのか」であり、企業では、ミッションや企業理念から落とされるビジョンに当たります。たとえば、楽天グループでは「インターネット・サービスを通じて、人々と社会を"エンパワーメント"する」という企業理念のもと「世界一のインターネット・サービス企業になる」を目標に掲げています。事業を対象に考えても同様で、企業目標を達成するために「どうなりたいのか」ということになります。楽天のインターネットサービス事業では「EC及び旅行予約をはじめとしたインターネットサービスにおいて、スマートデバイスなどの新しいサービスの拡大に取り組む」「品揃えの拡充や配送品質向上、多様なチャネルでのサービス提供などを通じて、ユーザー満足度のさらなる向上を取引先と共に目指す」という目標を掲げています。上記事業目標が上位のグループ目標を支えている形となります。

　目標で「どうなりたいか」を最初に掲げる最大の理由は、会社として何を目指すのかを明確にし、社員の方向性を合わせるためです。数値に目標を置き換えれば「売上高」や「利益率」となりがちですが、そこには肝心の「なぜ」が抜けてしまいます。「インターネット・サービスを通じて、人々と社会を"エンパワーメント"したい。だからこそ、世界一のインターネット・サービス企業になる。そのために、○○の売上高を達成しなければならない」というストーリーがあるからこそ、社員のベクトルが揃うのです。

　一方で、この目標が欠落している、もしくは形骸化している会社は少なくありません。顧客満足やイノベーションへの挑戦をビジョンとして掲げながらも、財務の数値目標だけに焦点を当て、その数値の達成にのみ固執してしまっている企業がマレにあります。これでは本末転倒です。

　このように、目標を達成できない組織では、企業の骨子となるべき理念や方針、ビジョンが形骸化し、なぜその目標を達成したいのかが不透

明になるため、結果として数値達成が目先の目標となってしまっている場合が多いのです。本書では、ビジョン策定における考え方や手順には触れませんが、目標値を設定するのであれば、まずは「どうなりたいか」を明確にすることが最初の重要なステップとなります。

3・2　目標を指標に置き換える（成果KPIの設定）

「どうなりたいのか」が明確になったところで、具体的に、何をどこまで達成するのかを考えます。成果KPIの「指標」と「水準」の設定です。

成果KPIの「指標」を考えるには、大きく2つの視点があります。1つは顧客の視点で、顧客に対して提供している価値の成果を測定する指標です。楽天グループの例では「提供するインターネットサービスに対する顧客満足度」などになるでしょう。もう1つは財務の視点で、顧客への価値提供の結果として得られた財務的成果を測定する指標です。楽天グループでは「インターネット上でのサービス総額や営業利益」などになります。一般的には、顧客の視点での成果が測定しにくいこともあり、また財務の視点が、顧客への提供価値の結果であると見なされるため、財務的な指標だけを成果KPIとしておくことが多いです。ただ、企業経営の目的の1つは顧客に対する価値提供であるということを意識し、成果KPIが財務の視点で置かれたとしても、財務的成果は顧客に対する価値提供の結果であると認識することが重要です。

指標が決定したら、次にどこまで達成するか（水準）を明確にします。指標に対する目標値はどの水準が正しいか、これは一概に言えません。ただ「ロジカルである」ことが重要なポイントとなります。論理的な説明は、組織の理解を助けます。前年実績の踏襲や前年実績に対して一律アップする方法で設定するケースはよくありますが、市場動向や業界における環境変化がまったく加味されておらず、これはロジカルとは言えません。

目標水準を設定する際には、必ず自社だけではなく、顧客と競合の3C（顧客：Customer、自社：Company、競合：Competitor）の視点が

必要です。これらの視点をふまえて、たとえば、新しい企業も市場に入ってきていて競争が激しいが、市場が10％伸びる予測なので、当社も10％は売上げを伸ばすなど、数値の根拠がほしいものです。

多様な視点で検討しながら、目標水準を検討するための視点（例）を、図3・6に整理します。できるだけ高くかつ達成可能な目標水準を考えていくことが重要です。

企業レベルでの成果KPIが決まったら、必要に応じて組織レベルの成果KPIへ落とし込みましょう。たとえば、企業レベルの成果KPIが売上高100億円ならば、A事業で50億円、B事業で30億円、C事業は20億円という形で成果KPIを落とし込みます。これらが各事業の成果KPIとして設定され、事業におけるプロセスKPIが設定されることになります。通常の目標設定と同じで、売上や収益を管理する組織単位に、全社の成果KPIが展開されるということです。

図3・6 目標水準を検討するための視点（例）

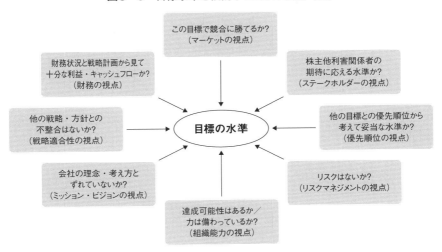

4 Planフェーズ：重要成功要因（CSF）を特定する

　成果KPIを設定したら、次にプロセスKPI設定のためのCSFを特定するステップになります。前述のとおり、このステップは、継続的かつ効率的・効果的にPDCAを管理できるようになるために重要です。

　CSFを抽出したうえでプロセスKPIを設定するのには、他にも2つの意味があります。1つは経営における意思決定力の強化です。CSFを抽出する過程は、意思決定に必要な情報は何か、重要成功要因は何かの目利きをすることであり、つまりは意思決定者の判断力の強化に繋がります。意思決定力が弱い組織では、すべての業務や活動に対し一辺倒にKPIを設定し、週次、月次、四半期、年次など、さまざまな切り口で情報を収集しています。意思決定に本当に必要となる情報を特定できていない時点で意思決定の乱れに繋がるのです。

　もう1つには、現場の推進力強化です。PDCAを回すには現場の推進力が欠かせません。現場が重要成功要因を意識・共有していると、上司も優先順位をつけて指示できるとともに、部下も活動の時間配分に強弱をつけられるようになります。

　では、どのようにCSFを特定すればいいのでしょうか。経営レベルでの重要成功要因の特定と、現場レベルの重要成功要因の特定とを分けて見ていきましょう。

4・1　経営レベルでの重要成功要因の考え方

　経営レベルとは、収益を見る単位でのレベルを指します。つまり企業レベル、もしくは事業部レベルです。このレベルで重要成功要因を考える際には以下のような捉え方が有効です。

（1）業界特性で考える

　たとえば、製薬業界は規制業界で基本的には寡占市場となっています。一方で、特許を取り続けなければ、ジェネリック医薬品との価格競争に巻き込まれるので、研究開発を行い続けることが重要成功要因とな

ります。では、化粧品業界はどうでしょうか。一般消費材である化粧品は、商品自体のライフサイクルが比較的短命で、競争も激しいことから価格競争に陥りやすい商品です。つまり、常に新商品を企画生産できる体制や、競争に勝てるブランディングが重要成功要因となるわけです。このように業界特性によって重要成功要因が異なるので、とくに事業の多角化を行っている企業では、重要成功要因を一辺倒に考えず、その事業ごとに重要成功要因を考えなければなりません。

(2) 戦略から考える

企業や事業が取る戦略によっても、重要成功要因は変わります。たとえばマイケル・ポーターの戦略にのっとれば、商品の差別化を図る差別化戦略、低価格を売りにするコストリーダーシップ戦略、特定の顧客のニーズを深掘りする集中戦略があります。これらの戦略によって、重要成功要因が異なるのが普通です。差別化戦略であれば、差別化する商品を売り続けるために、継続的な革新を可能にする技術開発や新製品開発が重要です。また、コストリーダーシップ戦略であれば、標準化された製品・サービスを大量生産するために、受注、生産、販売、流通などの効率化が重要です。さらに集中戦略であれば、特定の顧客のニーズに徹底的にあった企画や営業が必要です。このように、戦略によって重要となるポイントが異なるのです。

(3) 構成要素を展開して考える

成果KPIを計算式や活動の構成要素に展開し、とくに全体に大きく影響する要素を重要成功要因として特定する考え方も有効です。成果KPIに売上を置いて財務的に計算式に展開すると、以下のように展開できます。

売　上＝顧客数×1件当たりの売上
　顧客数＝（既存顧客数＋新規顧客数）×リピート購買率
　1件当たりの売上＝購入点数×商品単価

たとえば、既存顧客数が安定しておりリピート購買率の高い地元の

スーパーマーケットであれば、顧客数を増やすためのCSFは、新規顧客の獲得となります。しかし、近くに新しく大手ドラッグストアチェーンができたとしたら、リピート購買率や既存顧客数を減らさないことが、短期的なCSFになるでしょう。顧客は商品価格にも敏感になるので、購入点数を増やして1件当たりの売上高を上げる必要も今まで以上に出てきます。

4・2　部門・機能レベルでの重要成功要因の考え方

次に、成果KPIが1つ下の部門レベルでのケースを考えてみましょう。プロセスやオペレーションレベルの重要成功要因の考え方と置き換えることもできます。このレベルで重要成功要因を探すには、以下の考え方が有効となります。

（1）ボトルネックを考える

ボトルネックとは、目標を達成するにあたり、とくにネガティブに影響を与えてしまっているプロセスや業務を指します。図3・7を見てみましょう。B社の生産工程は5つの工程から構成されており、その中でもっとも生産能力が低く、もっとも時間がかかっている工程4がボトルネックとなります。3つめの工程までの生産能力がどれだけ高くても、4つめの工程に中間在庫がたまってしまえば、全体の生産能力は上がりません。つまりこの4つめの工程の改善こそが、CSFとなるのです。この考え方は、とくに現場改善系のKPIの設定時に有効です。

（2）クリティカルパスを考える

クリティカルパスとは、前の工程が終わらなければ次に進めないという関係において、全体の工程を組んだときにもっとも所要時間が長い経路のことを指します。図3・8のカレーをつくる工程では、ご飯を準備することと、ルーをつくることの2つの工程に分かれます。カレーは材料を切って煮て、ルーを入れて仕上げます。一方、ご飯はお米を研いで炊くという工程になります。最終的に、カレーとご飯両方の準備ができてはじめて盛付け工程に移れます。各工程でもっとも所要時間が長いの

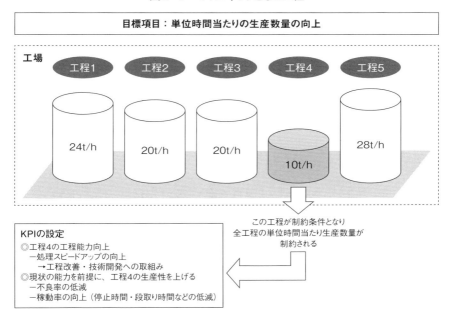

図3・7 ボトルネックとなる工程

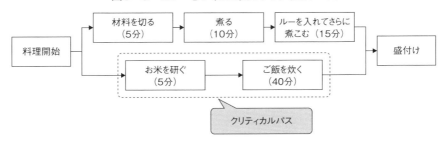

図3・8 カレーをつくる工程のクリティカルパス

は、お米を炊く工程であり、ここがクリティカルパスとなるわけです。クリティカルパスは、常に活動の中にあり、この工程の時間短縮が、全体の時間短縮に繋がります。クリティカルパスの改善を全体工程のCSFと置くことで、活動全体の工程を効率化することができるのです。

（3）成功例・失敗例を考える

過去の成功例・失敗例から考える方法も有効です。より優れた活動やプロセスを実行している企業や組織を参考にする手法で、他社の事例を参考に、自社の活動を良くしていくことが目的となります。営業部門や拠点型ビジネスなどでは、よく1人当たり、1店舗当たりの売上を比べたうえで、優秀な担当者や店舗を表彰することがあります。このように、いわゆる「ベストプラクティス」とそうでない担当者や店舗を比べ、とくに差異のでる特徴をCSFの候補として検討していきます。

たとえば、あるコーヒーショップでは、来店されるお客さまに満足してもらう店舗づくりを目標においていました。そこで、お客さまの満足度が高い店舗とそうでない店舗を現場調査などを実施して比較した結果、満足度の高い店舗では、現場で日ごろからお客さまに接しているスタッフの改善提案を採用していることがわかりました。一方、満足度が低い店舗では、店長が店舗の改善策を1人で考えていました。その結果、スタッフからの改善提案が強い店舗づくりのCSFと置かれました。

上記のような自社内のベストプラクティスとの比較の例では、同じ活動をする人・組織が複数あるときに有効ですが、同じ活動を過去の成功体験と比べてCSFを抽出することも可能です。たとえば、**図3・9**では営業担当者の値入れ率を高くできたケース（成功例）と値入れ率が低くなってしまったケース（失敗例）を比較しています。そこで成功例を分析したところ、特命発注を受けられたケースや、顧客と共同開発案件となったケースなどが抽出されました。つまり、成功例では、コンペを回避できる質の高い提案だったり、顧客との共同開発推進をしていることがCSFであると特定できるのです。

（4）重要プロセスを考える

成果KPIに繋がる活動の中で、とくに重要な業務プロセスに着眼してCSFを特定する考え方も有効です。これまで紹介したCSF特定の考え方は、現状をさらに良くするにはという視点でした。一方でこの考え方は、今後の目標に向けての「あるべき姿」を考えることになります。た

図3・9 成功例と失敗例

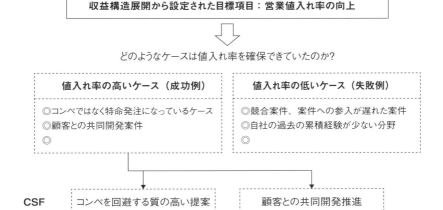

　とえば、ある設備設計を行う企業では、既存分野での顧客内シェアの向上を目指すと同時に新規分野での受注案件数を増やし、早期に製造上のノウハウを蓄積していくことを目指しました。しかし新規分野であり、業界での知名度も十分ではないことが課題でした。そこで、案件の受注確度を高めるための重要プロセスを検討した結果、既存の事業領域とは異なり、営業アプローチの早い段階で技術設計の担当者が営業に同行訪問し、顧客ニーズにあった設備設計を行うことが重要であると判明しました。同社の設計力をアピールし、顧客からの信頼感を獲得することこそが「あるべき姿」であると認識された結果でした。

　歴史のある会社や、職人気質な会社では、重要成功要因をカンと経験で決めにかかる傾向があります。決して間違いではないのですが、ビジネス環境が劇的に変化していくので、上記のように論理的に検証し、整理してみることを推奨します。「カンや経験から、これに間違いない」と言われるよりは「このような着眼点で全体像を整理したらこうだった」と言われる方が、現場に展開する際の説得材料となるからです。とくに

ベテランと若手の間、本部と現場間でコミュニケーションに苦労している企業にとっては、非常に有効な方向性のすり合わせ機会となります。

重要成功要因をどのような考え方で特定、整理するかは、そのときの目標項目や状況から柔軟に選ぶことを推奨します。上記で説明した考え方を組み合わせても良いですし、上記である必要もありません。重要なのは「これをすればうまくいく、成果に繋がる」という要因を納得できる形で特定していくことです。

5 重要成功要因をプロセスKPIに置き換える

活動を測定するプロセスKPIも、成果KPIと同様に指標と水準の設定をします。プロセスKPIになると、より業務や活動にひもづく指標となり、またバラエティも豊かになります。ここでは原理原則の考え方を、事例を交えて説明します。

5・1　SMARTを目指す

海外のMBAなどでは、目標はSMARTに（＝賢く）設定せよと言います。SMARTとは、以下のとおりそれぞれの頭文字を取って目標を設定する際の要件を表したものです。

（1）S：Specific：具体的である

ここでいう「具体的」とは、誰が見ても同じように理解できるくらい明確であるという意味です。具体的に、何を測定すればCSFとなる活動が測定できるのかです。

たとえば、先のコーヒーショップでは、混雑する時間帯にはレジに客が並ぶので、それを見て入るのをやめてしまうお客さまがいました。そこで、売上向上のCSFに「お客さまをお待たせすることなくサービスを提供する」が挙がりました。

この場合、単純に「お客さまをお待たせする時間」をプロセスKPIとすると、お客さまが列に並んでからレジで注文するまでの時間と理解す

る人もいれば、お客さまが来店してから商品を受け取るまでの時間と理解する人もいます。決めるには目的に立ち返ることが重要です。もしレジにお客さまが並んでいるのと同時に、商品の受け渡し口にもお客さまが溜まっているのであれば、まずは後者が押さえたいプロセスKPIとなります。このように「お客さまをお待たせする時間」だけでは、見る人によって解釈が分かれる可能性があります。具体的にするという意味は、業務、活動の範囲やその対象などにおいて誰が見ても同じ解釈をしてくれるくらい明確にするという意味です。

（2）M：Measurable：測定可能である

　成果KPI同様、プロセスKPIも可能な限り定量的にしましょう。活動を測定する指標ですから、基本的には量、質、コスト、スピードなどに落とし込まれます。先のコーヒーショップの例では、スタッフからの改善提案数とその採用率をプロセスKPIとし、店舗管理部が管理することになりました。

　では、活動の「質」はどう測定すればいいのかという質問をよく受けます。たとえば、先ほどの営業の値入れ率向上のCSFは、コンペの回避をするための質の高い提案でした。では「質の高い提案」をどのように測定すればいいのでしょうか。1つの方法としては、活動の成果が上がっているかどうかで測定する方法です。例では、全体の提案回数における受注率になります。もう1つの方法としては、対象とする活動の質に強く影響する活動から測定する方法もあります。たとえば、提案のために要した社内のレビュー回数や顧客への訪問回数です。成果を出すまでの活動内容が改善されていることから、活動自体の質が上がっていると想定する考え方です。

　理解度や満足度というようなプロセスKPIを設定する方法も有効です。単純に理解レベルで「よく知らない」「知っている」「とてもよく知っている」というような度合いで測定することも可能です。図3・10は業務効率化という成果KPIの達成を目指し、SFAを導入した際の活用度をプロセスKPIとして設定した例です。新規ITツールの機能を知り、

使い方を理解し、使うようになるまでの行動の段階をレベルに分けています。組織レベルにおいては、これと合わせて全体の×％の営業担当者がLevel 4を目指す、というような目標設定をします。このように、活動の質を測定するという意味合いにおいては、理解や満足などが得られるまでの「過程」や「段階」を達成度の測定対象とすることも有効です。

図3・10　理解度の測定例

```
                                    Level 4
                                    機能を使っている
                        Level 3
                        機能の使い方を知っている
            Level 2
            機能を知っている
Level 1
基本的な機能を知らない
```

(3) A：Achievable：達成可能である

「達成可能」といっても「簡単に達成できる」という意味ではなく「ストレッチをしたうえで達成可能」ということです。ただ、前述のとおり、目標水準の設定には正解がありません。1つの参考となる考え方は「できる目標」ではなく「勝てる目標」を設定するということです。

勝てる目標を考えるには、ベンチマーキングの考え方が有効です。

ベンチマーキングの対象は大きく2つ考えられます。1つは競合先です。自社の業界ポジションにもよりますが、できる限りトップパフォーマーが望ましいでしょう。そしてもう1つは自社内で、社内のトップパフォーマーや、もしくは過去の最高実績時のパフォーマンスを参考にする方法です。現時点の自社のパフォーマンスよりも優れており、かつ現実的に実践している組織があるということがポイントとなります。ベンチマーキングを繰り返していくうちに、いつしか自社がベンチマーキングされる方になれるのです。

（4）R：Relevant：関連性がある

　成果KPIは、よく財務を中心とする定量的な指標に着目しますが、経営目標の上位概念には会社としての理念・考え方（ミッション・ビジョン）が存在します。現場の活動レベルに落ちれば落ちるほど、上位概念との関係性が見えにくくなるので、改めてミッション・ビジョンから見て自社に妥当なプロセスKPIとなっているか、整合性が取れているかを確認しましょう。前述で、目標を明らかにし、ストーリーを大切にすることの重要性を説明しましたが、まさにそのストーリーを再度確認するということです。

（5）T：Timely：時間軸がある

　文字どおり、KPIの達成期限を明確にするということです。「ストレッチなゴールにする」ときには、時間軸もセットとなります。高い目標を掲げても、時間軸を伸ばしては意味がありません。達成可能性とセットで妥当な時間軸を考え、設定しましょう。

5・2　相反する事項を意識する

　活動には、常に前提条件があります。たとえば、CSFで「質の高い提案をする」とあっても、今までの2倍の時間をかけていては意味がありません。そこには「今までと同じ時間で」という隠れた前提があるのです。

　活動の前提は、ほとんどの場合スコープ、期限、コスト（投入リソース）のどれかに関連しますが、通常隠れた前提となっていることが非常に多く、関係者に認識されないこともあります。そこで、投入時間やコストといった隠れた前提を、あえてプロセスKPIとして設定して見える化し、本来のプロセスKPIと一緒に管理していきます。とくに、活動の前提が見えにくくなっているときや、関係者と合意できていない際には重要です。

　一方で、業務工数削減の名目でリソースが減らされていながら、活動の質やスピードの向上を求められることもあります。このような場合、最終的にはどちらも達成しなければならない目標ではありますが、段階

を踏んで達成するロードマップを描くことで実現の難易度を下げることを推奨しています。上記の例であれば、まずはリソースを減らす前に業務の質やスピードの向上を達成してからリソースを減らす、もしくはリソースを減らして現状業務を回せるようになってから、業務の質やスピードの向上を目指すというものです。両方にチャレンジしようとする企業が多いですが、結果としては達成できず、非常に遠回りになります。また未達成の場合の企業風土におけるネガティブインパクトを挽回することにも、時間を割かなくてはならなくなります。相反するプロセスKPIが全社的に掲げられる際には、達成可能なステップを分けて進めることが有効です。

5・3 実行水準を決める

　プロセスKPIの実行水準を決める際の考え方も、成果KPIと同様です。ここでは、とくにプロセスKPI特有の特徴を紹介します。

　まず最初に、成果KPIは全体の目標を表す指標なのに対し、プロセスKPIは活動を測定する指標なので、はじめのうちは見直しをしながら、適切な指標や水準を決めていくことが可能です。

　次に「ロジカルさ」も、成果KPIほどは求められません。逆に、活動のアクションレベルになってきたら現場の声も大切にし、ある程度のボトムアップも許容します。ここには2つの理由があります。1つは「誰よりも現場を知っているのは担当者である」ということです。ただし、上位目標との連携は必要なので、目標を達成することができる活動水準であることは大前提です。また、こうして現場から目標を設定してもらって合意することで、達成に対して現場のコミットメントを得ることができます。他人から指示された目標よりは、自分で設定した目標の方が納得でき、またコミットすることで達成意欲が上がるのです。この2つの観点から、ロジカルに上位目標から落とし込むだけでなく、現場の声を聴いての目標設定も推奨しています。

　成果KPI、プロセスKPIが明確になったら、成果KPIと同様に、それ

らの指標の責任者を明確にしましょう。部門レベルの成果KPIであれば部門長が責任者で、そのプロセスKPIは課長や現場リーダーの責任となるでしょう。各指標の責任者を明確にすることでPDCAに推進力を持たせ、目標達成を狙うのです。

5・4 アクションに落とし込む

全社経営レベルで成果KPIとプロセスKPIの指標と水準が設定されれば、それが事業目標、部門目標とブレークダウンされ、最終的には個人レベルの成果KPI、プロセスKPIとして落とされます。このKPIに沿って、いつ、誰が、何を、どのくらい実施すべきか、というアクションが抽出されます。

部門レベルでアクションを明確にすることは、期中の活動内容やスケジュールを明確にするとともに、各組織の役割分担を明確にするために重要です。ここで担当に抜け・漏れがないことを確認し、さらにお互いの関係性を整理するのです。個人レベルでは、個人がやるべき作業の明確化に有効で、年間の目標管理シートなどに反映する形を取ります。これにより評価との連動も可能なので、活動に対する推進力も上がります。通常、個人のアクションレベルまで活動を落とし込んでいくと、その作業が何の役に立つのかがわかりにくくなるのですが、全社経営レベルから、事業、部門、個人という「タテの繋がり」が説明されることで、個人の業務がいかに経営に貢献しているかを見える化することができます。

6 Do/Checkフェーズ：計画に沿っているかを確認する

KPIを活用したPDCAのDO/CHCEKフェーズで目指すべきは、必要なタイミングでKPIの情報を収集し、必要な意思決定やアクションが取られている状態です。とはいえ、KPIを設定したことで満足し、下記のような状態になっている企業が見受けられます。

・指標が経営陣・部門長の重要事項を的確に反映しておらず判断できない
・従業員レベルまで、KPIが説明されていない
・上位への報告に重点が置かれ、部門内活用が十分ではない

ここでは、設定したKPIを収集・活用し、どのようにアクションに結び付けるか、そのコツを説明していきます。

6・1　データの収集方法を確定し、業務へ落とし込む

「KPIを設定したが、うまくPDCAが回らない」という企業は多いものです。その理由の1つはデータ収集作業を定常業務に組み込んでおらず、タイムリーにデータ収集ができていないからです。

何のデータを収集するのか、どの粒度・単位で必要なのか、どこにあるのか、ない場合はどのように測定するのか、どの範囲から収集するのか、どのようなタイミングで収集するのか、誰が収集するのかなどを明確に決めて、組織として業務に組み込みます。図3・11は業務へ落とし込む際に活用できるプロセスKPIの定義書の例です。参考にしてくだ

図3・11　プロセスKPIの定義書

	プロセスKPI　定義書
KPI	販売と予測の誤差率
KPIオーナー	・・・・
定義	商品タイプA： 　（実販台数）−（発注時の実販予測台数）÷（実販台数）・・・ （例） 商品タイプA： 　（実需台数）−（発注時の実需予測台数）÷（実需台数）・・・ （例）
単位	％
集計サイクル	週
評価サイクル	月
データ出所	・・・・

さい。

　業務に落とし込めない、継続的にデータが収集できないという理由の1つに、なぜ収集するかという理由、目的を説明しきれていないことがあげられます。トップダウンで「やれ」と命令することもできますが、結局その目的が示されていなければ適切なデータはあがってきません。また、現場の判断により収集されるデータが変わってしまうこともあります。先に述べたとおり、目標を明確にしたうえで、それを達成するために必要な情報であることをストーリーで説明しましょう。

　KPIを導入してPDCAを回すことは、経営的には「事実に基づいて客観的な経営判断を行う」という重要な仕組みでもあります。一方で、活動の見える化に繋がるので「いろいろ指示が増えるのでは」という懸念から、現場にとっては必ずしも歓迎されない場合があります。とくにグローバルで展開する際のハードルは高く、多くの企業が苦戦している姿を見てきていますが、そこでは日本からの一方的な展開を行っている企業が少なくありません。情報を収集し、報告をするのは現場となるため、国内、グローバルに関わらず、「なぜ必要か」という現場の納得感なしではPDCAの推進は難しいということを理解しておく必要があります。

6・2　見える化する

　収集したデータはグラフなどにして「見える化」しましょう。エクセルだけで管理している企業も多いのですが、グラフ化をすることで、何がどれだけ悪いのかが一目瞭然になり、見た人の共通認識をつくりやすくなります。とくに、時系列で傾向を見る際には、グラフ化が有効です。

　また、信号機の色で表現することも有効です。活動の達成度をGreen、Yellow、Redのシグナルで表示する方法です。KPIではよくこの方法で管理されています。いずれにせよ、見える化の目的は全員の認識のズレを避ける点にあります。その解釈が異なることにより、討議の食い違いやカン違い、効果のない改善策に向かうことを、事前に食い止

めるのです。

　見える化のためのシステム化も有効です。やみくもに、日次、週次、月次、四半期、半期、年次など、さらに商品のコード別、顧客の窓口別など、複数の切り口でKPIの「候補」だけを見える化するようなシステム構築は避けましょう。複雑な機能が付けばつくほど使われませんし、目的にそぐわない指標を活用した場当たり的な意思決定が行われる原因となります。本当に経営判断に使う指標が何であるかを、最初にしっかりと特定しておきましょう。KPIが少なければエクセルの管理も有効ですが、データの統合や関数などの機能を活用するとファイルが重くなり、結果的に担当者が非常に時間をかけてデータを収集・加工することになります。担当者や現場の負荷とのバランスを踏まえて、システム化も検討しましょう。

6・3　達成度合いを評価する

　前述のとおり、KPIの設定が目的ではありません。KPIを活用することで、初めて目標達成に近づけるのです。活用場面において重要なのは、達成度の評価方法を事前に決めておくことです。Planフェーズでは、目標や目標に大きな影響を与えるCSFを測定できる指標と、その水準値を設定しました。その水準値の達成度合いをどのように評価するかを決めるということです。

　一般に、達成度を評価するには２つの考え方があります。１つは目標の達成度合いを評価する考え方、もう１つは計画に対する進捗度合いを評価する考え方です。計画の進捗度合いの評価方法は第６章で説明します。ここでは、達成度合いの評価方法を中心に話を進めます。

　目標に対する達成度の評価は、成果KPIとプロセスKPIに対してセットで行います。一般的には、先行指標となるプロセスKPIの達成度を短期的なサイクルで評価することで、中長期目標である成果KPIの達成度見込みを評価します。図３・12は、その評価方法をシンプルに信号で評価している例で、各指標について、通期目標の達成見込みをGreen、

図3・12　シンプルに表した評価方法の例

		目標値/管理値	実績			
			1月	2月	3月	1Q見込み
成果KPI	売上（円）	・・・円	・・	・・		Y
	売上（KL）	・・・KL	・・	・・		G
プロセスKPI	・・・	・・	・・	・・		G
	・・・	・・	・・	・・		R
	・・・	・・	・・	・・		G
	・・・	・・	・・	・・		R

見込みのG/Y/R判断	今月の状況	四半期目標達成見込み
GREEN	達成中	可能～確実
YELLOW	達成中	微妙～可能
	未達	
RED	未達	不可能～微妙

Yellow、Redのシグナルで評価しています。以下、月ごとにプロセスKPIが、四半期ごとに成果KPIが設定されている場合の評価の例です。

Green（G）：当月までの実績は計画どおり達成しており、四半期の着地見込みも目標を達成する

Yellow（Y）：①当月までの実績は計画を達成しているが、四半期の着地見込みは目標達成不可能である

②当月までの実績は計画を達成していないが、四半期の着地見込みでは目標を達成する

Red（R）：当月までの実績は計画を達成していない。四半期の着地見込みも目標達成は不可能である

　なぜ3段階評価なのかという質問をよく受けますが、信号機と同様、見る人全員が理解しやすく、共有認識を持ちやすいのは3段階だからです。5段階評価では、評価のためのロジックが複雑になり、理解にしくくなる懸念があります。そこで、まずは3段階評価で運用し、どうしても5段階が必要になったときに変更をすることをお勧めします。

　また、上記の3段階評価方法で気を付けたいのは、進捗が永遠にYellowとなる場合です。とくに「当月は未達ですが、四半期の着地見込みは達成できるようがんばります」という報告が続くときには注意が

必要です。客観的な数値で意思決定ができていない場合、心理的にRedをつけたくないことからよくこの現象が起こります。ただ、プロセスKPIは先行指標ともいわれるように、それをモニタリングし、対策案の有無や実行の難易度も考慮した上で、目標指標の着地見込みの評価を行わなければ、意味をなさなくなります。この場合は、Yellowの要因分析と、Greenに戻すためのアクションを明確にすることです。この点については、Actionフェーズで詳細に説明します。それでもYellowの乱用が続く場合には、システマティックに「Yellowが2回続いたら3回目はRedとして見直しを要求する」というルールにする会社もあります。最初から必要のないルールをつくることは避けるべきですが、守られないのであればルール化してしまうことも1つの方法です。

6・4　状況を共有する場を定例化する

　情報収集を業務に落とし込むことと同様、PDCAとして回すためには、報告の場も仕組みとして組織の中に落とし込む必要があります。どのKPIをどのような周期で確認すべきかによってサイクルは変わります

図3・13　進捗用のフォーマット例

Y/R対応報告書　　部門：＿＿＿＿＿＿＿＿＿＿

NO	指標名	財務結果への影響		Y/R	G/Y/Rの主な要因
		今期	来期以降		
0001	××市場の小売り台数 （目標：5万台）	○		Y（5月）	・・・における市場展開の遅れが主な要因
				G（6月） Close	6月実績において目標達成

が、ここで重要なのはデータの収集→見える化→評価→報告のサイクルを仕組み化して定例化するということです。報告をする際にもっとも重要なのは、成果KPIの達成見込み評価です。報告の場においては、プロセスKPIの評価は、成果KPIを達成できるかできないかの根拠でしかありません。成果KPIの責任者から、プロセスKPIの評価もふまえて成果KPIの達成見込みを事前に予測・報告をしてもらうことで、その結果にコミットしてもらうという狙いがあります。月次で定例会議を開催する場合、20分多く延長して議題として盛り込む（もしくは、今行っている報告業務の推進方法を変える）形で良いでしょう。

　図3・13は進捗用のフォーマット例、図3・14はKPIの共有方法を運用フローとして見える化した例です。このような形で運用の流れを整理し、どの会議で、何を討議するのかを事前に合意しておきましょう。

　DO/CHECKフェーズでのKPIの運用方法はPLANフェーズから検討されていることが重要です。PLANフェーズで「計画段階で活動の成功の9割が決まる」と書いた意味はここにもあり、DOフェーズで考え始めては遅いということです。KPIをPDCAに活用し目標を達成できる会社になるためには、運用方法も、PLANフェーズで検討をはじめましょう。

	更新日時：		
	主な対応策/前回報告からの進捗	報告が必要な会議体	添付資料
	・・の広告宣伝費、及び営業担当工数をシフトすることで、回復を狙う	×月×日　事業会議にて報告済み	なし
	予定通り実施	×月×日　事業会議にて報告済み	なし

図3・14 共有方法の見える化例

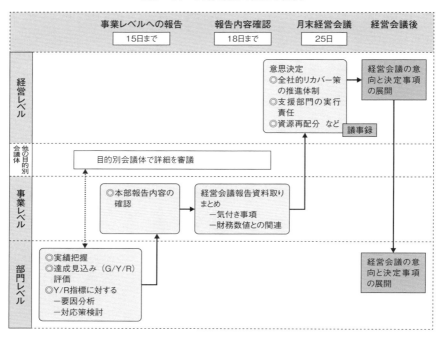

7 Actionフェーズ：計画に沿っていない点を改善する

　KPIの達成度合いが報告されることで、次に必要な打ち手が明確になります。ここでは問題解決の考え方が応用できます。まずはYellow、もしくはRedになってしまっているKPIの要因を分析し、Greenに戻すための対策を考え、実行計画に反映させます。それぞれのステップにおける注意点を見ていきましょう。

7・1　達成できていない要因を明確にする

　問題が発生した途端に、改善策を提案する人がいます。しかし、問題の真の要因が明確になっていない限り、これは避けるべきです。発生し

た事象への対策をしても、表層的な問題解決だけで根本原因を解決していないため、同じ問題が違う形で再発することになるからです。特に問題が発生しているプロセスと、要因があるプロセスが異なる場合、この傾向があります。たとえば、お客さまデータの情報入力に常にミスがあり、営業担当者がクレームを受けたとすると、よくある対策は営業担当者による入力内容の再確認です。しかし、初期にお客さまデータの情報入力を問い合わせ窓口が行っていたとしたらどうでしょうか。最初の窓口で入力ミスを防ぐことでクレーム発生もなくなり、また営業担当者もダブルチェックという余計な業務を増やす必要がありません。このように、まずは確実に要因を起こしているプロセスにおいてその要因を分析し、何が悪さをしているかを見つけることが、問題を解決する際の鉄則です。

　上記の考え方を踏まえ、Yellow、Redの活動に関してはまずは、なぜそのような評価になったのかの要因を明確にしましょう。

　成果KPIの達成見込みがYellow/Redになる際には、2つのパターンが考えられます。

パターン①：プロセスKPIがYellow/Red、その結果成果、KPIもYellow/Red

　先に説明したとおり、KPIは組織の末端のアクションレベルまで展開されているので、成果KPIが達成できていない場合は、現場で必要なアクションが取られていない、もしくは成果を出すのに十分なアクションになっていないと分析することができます。そこで、なぜできなかったかという要因分析が必要です。考えらえる要因には以下のようなものがあります。

アクションが取られていない場合：
- アクションを認識していなかった／計画に反映されていなかった
- 優先順位が下がっており、結果としてアクションがとられなかった

十分なアクションになっていない場合：
- 目標値が高すぎた、範囲が広すぎた

- 十分なアクションを行うためのリソース（時間、人員など）が不足していた

パターン②：成果KPIのみYellow/Red

　必要なアクションが十分に取られたにも関わらず、成果KPIの達成度にYellowやRedがでることがあります。このようなケースは、比較的期限ぎりぎりになって発覚することが多いようです。考えらえる要因は以下のとおりです。

- CSFの特定が誤っており、成果KPIへの影響が少なかった
- プロセスKPIの水準値が低すぎて、成果KPIの達成には不足していた
- 外部環境に変化が生じた

　上記でもっともよくある要因がプロセスKPIにおける水準値の見積りの甘さです。営業や製造におけるプロセスの歩留り率が当初の想定より悪く、結果的に期末に成果KPIが達成できないという例などがそうです。

　また、しっかりと活動していても、外部環境に変化が起きた際には達成に影響することがあります。たとえば、在庫管理のKPIをもっている部署がどれだけ在庫削減の努力をしても、生産計画の精度がひどかったり、営業目標が達成されなければ、在庫は削減できません。また、為替変動などのリスク要因が顕在化した場合などでも、目標の達成は難しくなります。そのほか、テロや中国の景気動向など、いわゆるPEST（Politics：法規制・制度・政治、Economics：経済情勢、Social：社会環境、Technology：技術）と言われる要素が該当します。

7・2　改善の方向性を決め、アクションを取る

　要因が明らかになったら、その要因に対して改善の方向性を決定します。ここで重要なポイントは、外部環境の変化など、コントロールできない要因も多々あるということです。達成できなかったことを責めるのではなく、達成できない要因を追求し、必要なアクションを早急に取るようにしましょう。

　では、実際に要因別に改善の方向性を解説します。まず、パターン①

で「アクションが取られていない場合」です。個人レベルでのKPIで発生しますが、基本的には行動目標として期初に設定していれば、アクションがまったくとられないことは避けられるはずです。もしそれでもアクションが取られていない場合、要因をしっかりと押さえましょう。大きく3つの要因に区分されます。

WHAT：何をすればいいかわからない
WHY：なぜアクションを取らなければならないかわからない
HOW：どうアクションを取ればいいのかわからない

　上記のポイントを確認した上で、目標設定の場などで改善のためのアクション（いつまでに、何を、どのくらいする）を明確にします。

　次に、パターン①の「十分なアクションになっていない場合」です。アクションを取ってはいるものの目標を達成できないこのケースは、個人レベルでも部門レベルでも起こりえます。主な要因としては、期限に対してプロセスKPIの目標値が高すぎるか、リソース不足です。基本的にはトレードオフの関係になるので、どちらかを改善する必要があります。

　ここで、成果KPIを変更する必要があるかという論点がありますが、プロセスKPIが達成できないことでその都度成果KPIを見直すことは本末転倒であり、基本は変更しません。そこで、次に考えられる方向性の1つはプロセスKPIの目標の再配分です。営業のように担当者レベルで調整可能であれば、順調に進んでいる担当者に目標を振り分けるということがあり得ます。部門単位での活動では、CSFとなっている活動の範囲を変更するというような方向性も考えられます。役割変更や評価への反映も考慮する必要がありますが、いずれにせよ今あるリソースを活用して、いかに目標を達成するかという視点で考えることが重要です。

　人的リソースの投入においては、他の業務を効率化して人を投入する、人を新たに採用する、社外へ外注するということも想定されます。投資が発生するため、成果KPIに対するインパクトをふまえて、CSFやプロセスKPIに優先順位をつけることが重要です。

しかし、どうしても達成可能性が見えない場合には、いよいよ成果KPIの下方修正という選択肢も出てきます。目標水準の設定における考え方は先に説明したとおりなので、必要最小限で目標の見直しを行いましょう。

次に、パターン②の成果KPIのみYellow/Redである場合の改善の方向性を考えてみましょう。考えられる改善の方向性はCSFとプロセスKPIの見直し、もしくはプロセスKPIの水準値の見直し・再設定となります。組織の広い範囲に影響する可能性があるという意味では、プロセスKPIが未達の場合よりインパクトがあります。

KPIを再検討するステップは初期検討の際と変わりませんが、ここで重要なのは指標と目標値の設定基準の手続きルールを決定しておくことです。図3・15のような形で、どのような手順でKPIを変更するのか、また誰がそれを承認するのかなどを事前に決定しておくことで、スムーズにKPIの見直しを行えます。再設定されたKPIは、再度計画に落とし

図3・15　KPIの変更手順

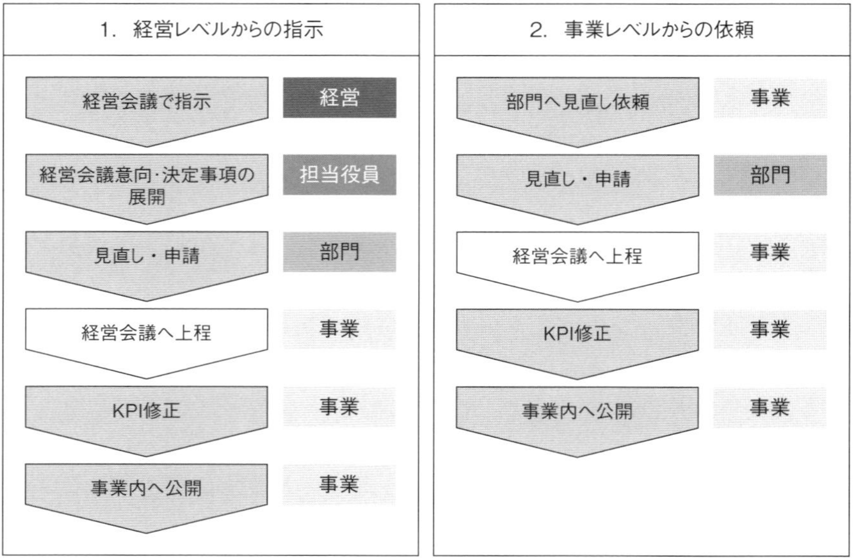

1. 経営レベルからの指示		2. 事業レベルからの依頼	
経営会議で指示	経営	部門へ見直し依頼	事業
経営会議意向・決定事項の展開	担当役員	見直し・申請	部門
見直し・申請	部門	経営会議へ上程	事業
経営会議へ上程	事業	KPI修正	事業
KPI修正	事業	事業内へ公開	事業
事業内へ公開	事業		

込み、推進していきましょう。

7・3　次年度に向けた改善施策を企画する

　成果KPIの達成いかんに関わらず、期末にはしっかりと振返りをして次へ繋げることが重要です。この振返りはKPIの活用方法を見直すということもありますが、何よりも組織的に改善すべき事項を洗い出すという目的があります。

　よく、年度末の達成・未達成理由の振返りを行わず、次年度の目標にも反映されないため、未達成になる要因が次年度もそのまま放置されることがあります。組織的にマネジメント能力が不足している、システムが古くなって効率的な業務が推進されていないといった経営の仕組みに関する課題も多く、結果として次年度もまた「未達」が結果となってしまいます。見直しが必要な組織の仕組みを経営層に対して上申できる機会と捉え、ふり返りは必ず実施しましょう。

第 3 編
活用場面別
KPIマネジメント

KPIの重要性や導入・活用の方法を解説してきました。本編では、企業の全般的な業務や管理・間接部門の活動、非定型的なプロジェクト型業務の3つの活動別に、KPIの設定方法やKPIマネジメントに有効なツールや考え方を紹介します。

第3編
活用場面別KPIマネジメント

―― 本編のポイント ――

第4章
▶**部門の中期計画・年度計画に活用する**
　―トップダウンアプローチとボトムアップアプローチ
　―KPI設定に用いるツールと活用法を知る

第5章
▶**管理・間接部門に活用する**
　―管理・間接部門の業務の特徴を知る
　―管理・間接部門でのKPIマネジメント推進のポイント

第6章
▶**プロジェクト型業務に活用する**
　―プロジェクト型業務において管理するべき要素を知る
　―活動の評価・リスク管理・進捗確認の進め方

第7章
▶**KPIマネジメントが形骸化しないために**
　―形骸化するリスクを知る
　―形骸化を避けるためのポイントを知る
　―振返り活動の必要性とポイントを知る

第4章
部門の中期計画・年度計画に活用する

1 トップダウンアプローチとボトムアップアプローチ

まずはじめに、部門の中期計画、年度計画にKPIを適用する際の2つのアプローチについて説明します。図4・1を参照ください。トップダウンアプローチは、中期計画をまとめた後に、各部門へ落とし込んでいくアプローチです。一方、ボトムアップアプローチは、各部門・機能の重要成功要因に焦点を当て、個別にKPIを策定した後に、全体の整合性を整理するアプローチです。

トップダウンアプローチのメリットは、経営目標から現場目標に落とされるので、全社的に納得感が得られやすいという点にあります。しかし、全社目標の抽象度が高かったり、中期経営計画の策定中である場合は、各部門へ落とせず、策定・実行に移すまでに時間がかかるという難点もあります。

一方、ボトムアップアプローチの場合は、プロセスKPIを現場に即して設定しやすいので、コミットメントを得やすいというメリットがあります。一方で、ストレッチした目標を設定しにくくなり、経営目標との

図4・1 トップダウンアプローチとボトムアップアプローチ

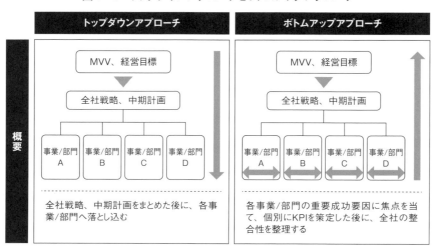

整合性が取りにくくなるという難点もあります。また部門・機能別に目標設定が行われるケースが多く、全社最適型の活動を拾いにくくなるというデメリットもあります。

どちらのアプローチを選択するかは、そのときに求められる活動の目的やスピード感、組織の成熟度などによって判断します。なお本書では、経営レベルでの目標達成を狙うことが主たる主旨ですから、トップダウンアプローチに焦点を絞って解説します。

2 業務部門の特徴と最近の動向

販売・生産・開発などの業務部門は、経営目標や戦略に影響を受けやすく、業界特性や戦略などによって主活動のCSFが変わります。そこで主活動の中期、年次計画を考えるには、まずは経営レベルの戦略を整理し、しっかりと押さえる必要があります。

また、最近の特徴としては、部門レベルに求められる成果KPIが個別部門では対応できなくなっているという点も挙げられます。活動の種類が個別最適から全体最適に移っている度合が強いという意味です。全体最適に繋がる活動は、その相乗効果により高い効果が期待できます。しかし、同時に活動主体が組織横断的なので、活動管理の難易度も上がります。そのため、活動の推進スピードが下がり、その結果目標達成ができない状況も多々見受けられます。

以上の特徴や最近の動向を踏まえて、部門におけるKPIの例や活用できる手法、ワークシートなどをご紹介します。

3 用いるツールと活用法

3・1 戦略マップ

戦略マップとは、一言でいうと「組織目標を達成するために必要な施策・課題を4つの視点で整理したマップ」です。その4つの視点とは、

それぞれ以下のとおりです。
- 財務の視点：組織目標と株主の満足を財務的にどう実現すべきか
- 顧客の視点：組織目標を実現するために、顧客に対してどのような価値を提供すべきか、顧客とどのような関係を築くべきか
- プロセスの視点：目標を達成するためにどのような業務プロセスとなるべきか
- 人・組織の視点：目標を達成するためにどのような仕組み、体制が必要か、またどのような能力・スキルを習得すべきか

弊社は、組織目標を成長性、収益性、効率性の3つの財務の視点の目標に区分するところから戦略マップを整理することを推奨しています。
- 成長性：「売上を、どのようにして伸ばしていくか」についての戦略
- 収益性：「利益率・額をどのように上げるか」についての戦略
- 効率性：「ヒト・モノ・カネへの投下資本の回収と資産効率をどのようにして上げるか」についての戦略

経営計画において財務目標が達成すべきことを整理すると、主にPL（損益計算書）面では、
①売上げの拡大
②収益性の向上
　BS（貸借対照表）面では、
③投下資本や資産の効率性向上
となります。上記の3つの区分は、そのすべてを包含する形としています。図4・2は、3つの区分における財務の目標の一般例です。

これらの財務の目標に対して、財務以外の3つの視点で分析していくことで、全社目標と各領域における施策が網羅的に抽出されるだけでなく、その関連性が整理されます。

図4・3は、上記3つの戦略目標を踏まえた電子部品会社の戦略マップの例です。経営目標を達成するために必要な施策や課題が4つの視点に整理され、見える化されています。

KPI設定のご支援をする際には、業務や部門ごとにKPI設定支援を依

図4・2　3つの区分における戦略目標の一般例

成長性 (収益の源泉)	利益性 (利益率の向上)	効率性 (投下資本・資産の有効活用)
－ 既存製品の売上向上 － 既存製品のシェア向上 － 新製品売上高向上 － 新市場の開拓 － 新事業の立上げ － 顧客数の向上 － 取扱い製品アイテムの増加 － －	－ 販売単価の向上 － 値引率の低減 － 原価低減 － 仕入れ・購買コスト削減 － 販売費・管理費の削減 － 人件費削減 － 物流費削減 － －	－ キャッシュフローの向上 － 在庫回転率向上 － 債権回転率向上 － 不良資産の削減 － 設備稼動率向上 － 投下資本回収の早期化 － 労働生産性向上 － －
要は、 －既存の売上をどのようにして伸ばしていくか －新規の売上をどのようにして伸ばしていくか	要は、 －粗利段階の利益率・額をどのようにして上げるか －営業利益段階の利益率・額をどのようにして上げるか	要は、 －人・モノ・金への投下資本の回収と資産効率をどのようにして上げるか

　頼されることがありますが、弊社では戦略マップからの整理を推奨しています。戦略マップは、経営目標の達成に必要な施策を、網羅的にバランスよく抽出できるからです。前述のとおり、ボトムアップで部門・機能別に目標設定が行われる場合、全社最適型の活動を抽出しにくくなります。特に日本の製造業などでは、部門や機能単位での改善活動、いわゆる部分最適化が進んでおり、その単位で改善活動を進めていくのは得意です。しかし、その影響もあってか、全社最適の視点で活動を推進し始めると、とたんに活動が止まりがちです。その多くはマネジメント体制や役割分担がネックとなっているのですが、目標自体を組織横断的に設定することで、既存組織の役割に関わらず活動を進める体制の必要性が見えてきます。戦略マップを活用することで、現在の組織運営が抱える課題を克服し、本来行うべき活動は何かという視点で必要な活動が抽出できるのです。

　なお、本書は戦略マップの解説書ではないので、大まかな作成手順を図4・4に示すにとどめます。

図4・3 戦略マップの例

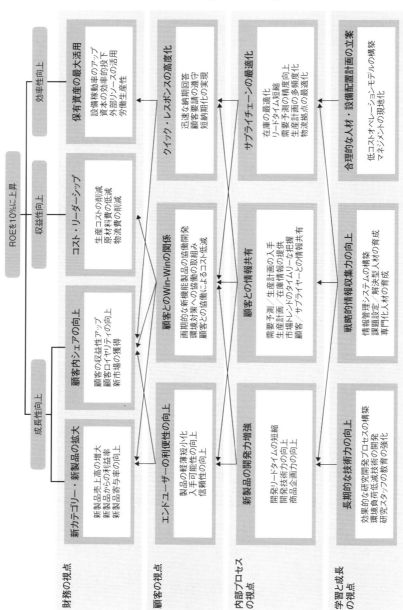

部門の中期計画・年度計画に活用する 第4章

図4・4 戦略マップの作成手順

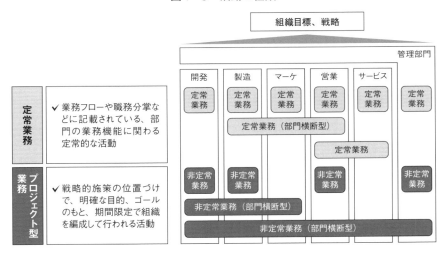

図4・5 活動の種類

　戦略マップで多くの施策が抽出されますが、活動の種類は大きく2つに分類されます（**図4・5**）。その活動を成果KPIとして落とし込む前に、**図4・6**のようなマトリクスで、一度どのような活動の部類に入るのかを整理しましょう。これにより、単一部門で実施可能な個別最適型なのか、複数部門にまたがる全社最適型の施策なのかが整理されます。それと同時に、既存の部門の職制内で実施できるのか、部門横断で非定常的に取り組まなければならない活動なのかを整理することもできます。

　各マトリクスの実行の難易度は、企業によって異なります。日頃、部門ごとでの活動に終始している企業では、部門横断での活動は難易度が

109

図4・6 マトリクスによる業務の整理

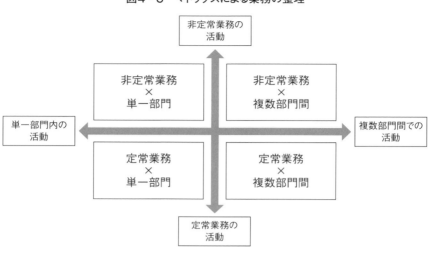

高いものになるでしょう。その場合、より多くのリソースが必要になることもありますが、企業のリソースには常に制限があります。そこで、最終的には戦略目標に対する影響度も考え、活動に優先順位をつける必要も出てきます。

図4・7はご支援した会社において、実際に活動を優先順位づけした際の考え方を簡素化したものです。実行の難易度と効果の側面から、すぐに投資をして取り組むかどうかを分類し、KPIに落とし込みました。

3・2 目標×施策マトリクス表

組織横断型の活動例を図4・8に示します。これらの活動は、活動が組織横断的になるので、推進の難易度が上がります。

こうした組織横断型の活動の管理では、図4・9のような経営戦略／課題と取組み施策の関係性を整理した目標×施策マトリクス表を活用すると便利です。図4・9の例は、タテ軸に戦略マップから抜き出した戦略課題、KPI、目標値を、ヨコ軸に具体的な重点施策を書き出し、相互の関係性を○で示しています。

部門の中期計画・年度計画に活用する 第4章

図4・7 優先順位づけの考え方

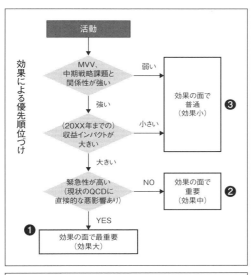

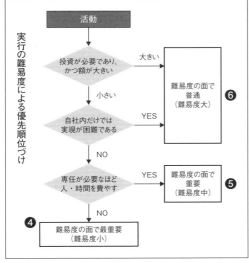

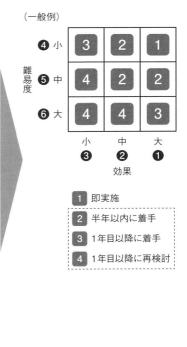

111

図4・8 部門横断型の最適活動例

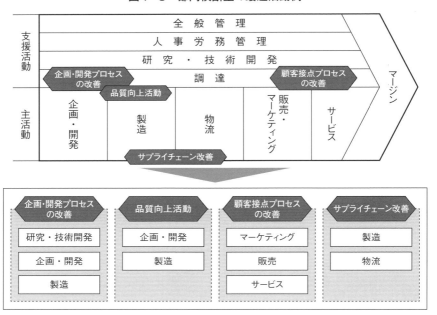

　組織横断型の活動となると、マネジメント体制や役割分担の問題で活動が停滞する企業は多いものです。責任が不明確だったり、最悪の場合業務の押付け合いが発生して協働できなくなり、その結果、部分最適になってしまう例もあります。

　また施策によっては、経営目標に対して直接的に影響を及ぼす部門もあれば、一部に関与するだけの部門もあります。にもかかわらず、部門同士の合議制で活動を進めようとすると結論が出ず、推進が遅れがちです。

　こうした場合でも、目標×施策マトリクス表を活用して、役割を明確にすることが可能です。まずはRACIの考え方を活用して、組織の役割分担を事前に整理しておきましょう。

　RACIとは、役割分担を明確にするための考え方で、以下の頭文字をとっています。図4・10で示すように、それぞれ、

R：Responsible＝実行責任者

A：Accountable＝最終責任者
C：Consulted＝事前相談先、合議先
I：Informed＝事後報告先
という意味です。

　RACIを事前に明確にすることで「あなたは責任者である」「あなたの組織に合議は必要ない」などがわかります。責任分担が不明確だったり、活動を進めやすくするために個人の判断で合議制を取るケースを見かけます。確かに根回しは重要ですが、活動を大きく遅らせることにつながります。組織横断的活動では、始める前にRACIを明確にして合意しておくことが、担当者レベルの活動を効率的に推進するポイントとなります。

● 個人・部門の責任が不明確である
● 情報共有不足で、業務や作業内容が重複している
● 意思疎通や調整がうまくできない
● 業務の遂行や意思決定が本来あるべき職責レベルで行われていない

という傾向があれば、ぜひRACIを活用して役割分担を明確にし、目標×施策マトリクス表のタテ欄、ヨコ欄にそれぞれのKPIや重点施策に対する最終責任者や実行責任者を追記しましょう。

図4・10　RACIのイメージ

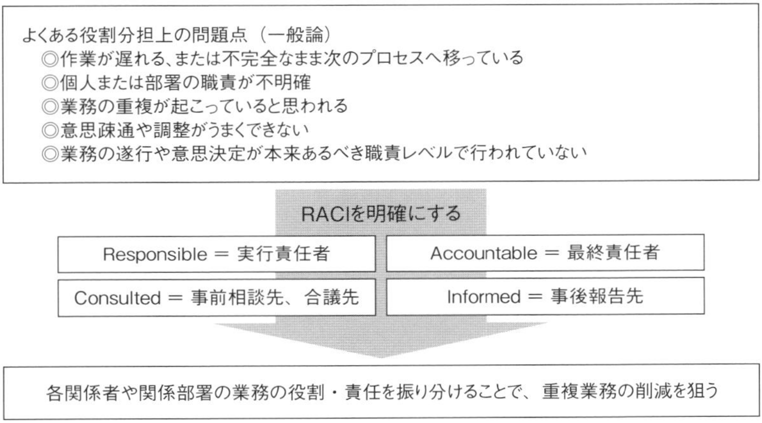

```
よくある役割分担上の問題点（一般論）
　◎作業が遅れる、または不完全なまま次のプロセスへ移っている
　◎個人または部署の職責が不明確
　◎業務の重複が起こっていると思われる
　◎意思疎通や調整がうまくできない
　◎業務の遂行や意思決定が本来あるべき職責レベルで行われていない
```

RACIを明確にする

| Responsible ＝ 実行責任者 | Accountable ＝ 最終責任者 |
| Consulted ＝ 事前相談先、合議先 | Informed ＝ 事後報告先 |

各関係者や関係部署の業務の役割・責任を振り分けることで、重複業務の削減を狙う

図4・9 戦略マップと重点施策の関係例

	戦略課題	KPI	目標値
財務	顧客内シェアの向上	顧客内シェア向上	平均15%→30%
		顧客あたりの売上高	350→400
		顧客あたりの収益性	営業利益率20%→30%
	コスト・リーダーシップの確立	製造コストの削減	20%削減
		物流コストの削減	35%削減
顧客	顧客業務効率化の支援	納期遵守率	81%→95%
		納期回答所要日数	3日→1日
	製品価格の低減	A商品グループ売上原価	10%削減
		B商品グループ売上原価	18%削減
		C商品グループ売上原価	25%削減
プロセス	調達リードタイムの短縮	平均リードタイム	30日→5日
	在庫削減	平均在庫額	300→150
	製造リードタイム短縮	平均リードタイム	5日→3日
	配送リードタイムの短縮	平均リードタイム	2日→1日
	物流コストの削減	月次配送費	2500→2000
	需要予測精度の向上	需要予測精度	75%→95%
	生産計画の多頻度化	計画頻度	月次→週次
	配送計画の精度向上	納期遵守率	75%→95%
		積載率	55%→85%
	物流拠点の最適化	年間センター固定費	40%削減
学習と成長	戦略的情報収集力の向上	顧客生産計画の入手	3社→8社
		サプライヤーの生産計画入手	18社→35社
		設計・開発情報の共有	2社13品目→5社30品目
	課題設定／解決型人材の育成		

重点施策	在庫のシステム一元管理化	生産実績（経過）情報の一元管理	拠点別適正在庫の管理	配送拠点の再配置	調達サイクルの短期化	...	製造バッチサイズの縮小	需要予測システムの導入	顧客の生産計画情報の入手	サプライヤーの生産計画情報の入手	グループ会社の生産計画入手	グループ一気通貫での経営計画立案業務の構築	グループ一気通貫での業績管理指標定義	...
				○										
			○	○				○	○	○	○			
	○	○	○							○	○			
				○								○		
				○								○		
				○								○		
			○		○									
					○				○	○	○			
							○				○			
											○			
									○	○	○			
				○				○			○			
								○			○			
								○			○			
			○											
									○					
				○					○					

3・3　KPI検討シート（目標指標・重要成功要因・管理指標）

　戦略マップから、4つの視点別にプロセスKPIまで落とした例が図4・11です。このプロセスKPIの責任部門が明確にされることで、各部門の成果KPIが設定されます。以降、各部門ではこの成果KPI達成のためのCSFの特定やプロセスKPIの設定を行っていくことになります。戦略マップで経営目標の達成に必要な活動を整理したら、いよいよ部門レベルへ成果KPIとして展開することになります。なお本章では職制内で実施できる定常業務の活動を中心に見ていきます。期間限定で取り組む非定常業務の活動に関しては、第6章を参考にしてください。

　KPI検討シートは、各部門の定常的な業務、組織横断的な施策が明確になった時点で、各部門におけるCSFやプロセスKPIを抽出するためのシートです。シート全体イメージとしては図4・12を参照ください。部門に関連するKPIの全体像を見える化するとともに、責任者が管理すべき数値目標が明確化されます。KPIを設定する際の思考プロセスをシートに反映していることに加え、上位組織のKPIを書く欄を設けることで、各部門のKPI検討シートがバラバラでも、全体像を見失わずに済みます。また3年度の水準値までを入れることで、中長期的にKPIを考

図4・11　事業の成果KPIと3つの視点別プロセスKPI①

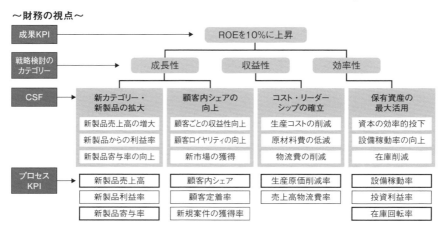

第 4 章 部門の中期計画・年度計画に活用する

図4・11 事業の成果KPIと3つの視点別プロセスKPI②

～顧客の視点～

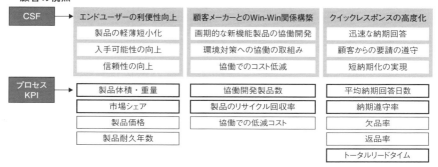

～内部プロセスの視点～

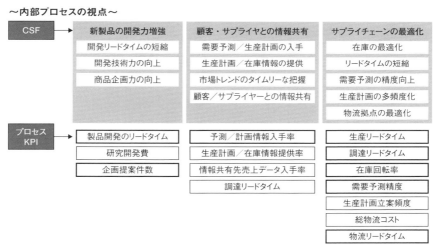

～学習と成長の視点～

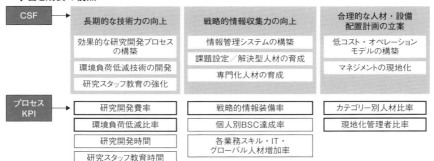

第3編 活用場面別KPIマネジメント

図4・12 KPI検討シートのイメージ（部門レベル）

上位のKPI・戦略マップとの関係を明確にする

当部が担う役割・目標から、成果KPIを明確にする

部／グループ	① 上位のKPI（事業レベルの戦略マップ・KPIより）	② 部／グループが担う役割・目標・テーマ・課題（定性的表現）	③ 成果KPIの設定			
			指標	目標達成水準		
				本年度	来期	3年後

図4・13 成果KPIのワークシート例（部門レベル）

部／グループ	① 上位のKPI（もしくは事業レベルの戦略マップ・KPIより）	② 部／グループが担う役割・目標・テーマ・課題（定性的表現）	③ 成果KPIの設定			
			指標	目標達成水準		
				本年度	来期	3年後
	上位のKPIを明確にする	何を達成しないといけないかを定性的な表現で書いてみる	達成したことを測る指標を設定する（測れるものを設定する）	それぞれの対象期間における達成水準を設定する		

118

第 4 章 部門の中期計画・年度計画に活用する

```
┌─────────────────────────────┐
│ 目標達成のための重要成功要因・  │
│ プロセスKPIを明確にする        │
└─────────────────────────────┘
              ↓
```

	④				
	プロセスKPIの設定				
	重要成功要因／重要プロセス	指標	目標実行水準		
			本年度	来期	3年後

えられる点がポイントです。

　KPI検討シートは、通常1枚のシートにまとめられますが、成果KPI、プロセスKPIのそれぞれで、さらに深掘りしてみましょう。**図4・13**は成果KPIの部分に焦点を絞ったワークシートです。最初のステップは上位組織のKPIを明確にすることです。先ほどの例で考えると、戦略マップにおけるKPIとリンクさせることができます。

　この経営レベルの戦略マップから下りてくるプロセスKPIに対して何を達成しなければならないかを、まずは定性的な表現で書いてみます。たとえば、戦略マップの「顧客内シェアの向上」内の「新市場の獲得」は、営業部門へと落とし込まれる経営レベルのKPIとなります。このKPIのために何を達成しないといけないかを定性的な表現で書いてみると**図4・14**のようになります。これにより、営業部門の成果KPIが具体

図4・14 プロセスKPI達成の定性的表現

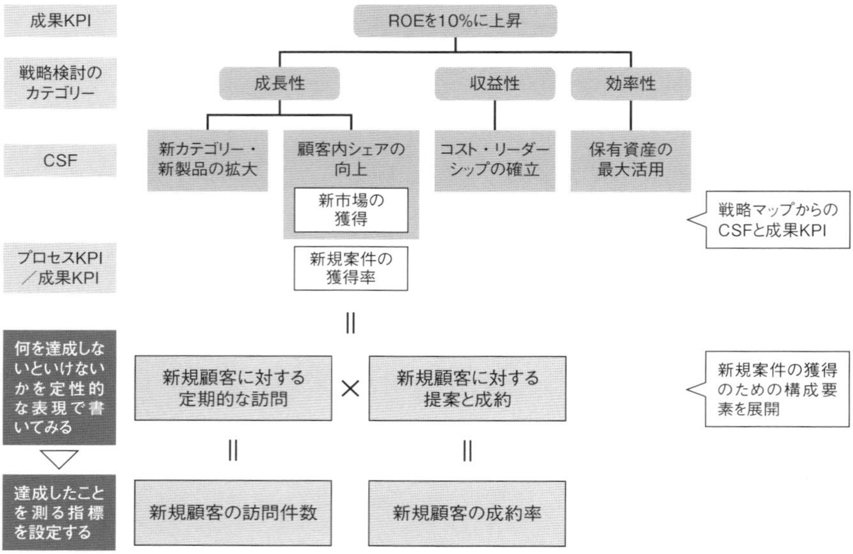

成果KPI	ROEを10%に上昇
戦略検討のカテゴリー	成長性 / 収益性 / 効率性
CSF	新カテゴリー・新製品の拡大 / 顧客内シェアの向上 / コスト・リーダーシップの確立 / 保有資産の最大活用
プロセスKPI／成果KPI	新市場の獲得 → 新規案件の獲得率

戦略マップからのCSFと成果KPI

新規案件の獲得率
＝
新規顧客に対する定期的な訪問 × 新規顧客に対する提案と成約
＝
新規顧客の訪問件数　　新規顧客の成約率

新規案件の獲得のための構成要素を展開

- 何を達成しないといけないかを定性的な表現で書いてみる
- 達成したことを測る指標を設定する

図4・15 プロセスKPIのワークシート例(部門レベル)

④ プロセスKPIの設定				
重要成功要因／重要プロセス	指標	目標実行水準		
		本年度	来期	3年後
重要成功要因／重要プロセスを定性的な表現で書いてみる	実行したことを測る指標を設定する(測れるものを設定する)	それぞれの対象期間における実行水準を設定する		

図4・16 活動の洗い出し

営業プロセス分解	重要な実施事項（重要成功要因）	プロセスKPI
コール	◎顧客状況を反映した最新のリストか ◎必要コール数がこなせる人数か　など	（例）リスト見直しタイミング&回数、コール人員　など
アポイントトーク	◎アポイントトーク回数は適正か ◎顧客状況を把握したトークができているか　など	（例）アポイントトーク回数、顧客状況調査実施回数　など
訪問	◎効率的な営業ルートになっているか ◎営業時間がきちんととれているか　など	（例）移動時間、営業事務時間数　など
提案	◎理解しやすい提案書となっているか ◎キーマンに会えているか　など	（例）マネージャーが認める提案書数、キーマンとの打合わせ回数　など
成約	◎提案後のフォローはしているか　など	（例）企画提案のフォロー回数　など

化されます。

　次に部門レベルでのプロセスKPIを考えます。**図4・15**は図4・12のプロセスKPIの部分に焦点を絞ったワークシートです。前述のとおり、重要成功要因を特定するにはさまざまな方法がありますが、営業プロセスに沿って重要となりうる活動を洗い出してみると、**図4・16**のようになります。活動プロセスに沿って重要となりそうな活動を特定していく方法は、もっとも漏れのない形で重要成功要因を検討できるのでお勧めです。これらの重要成功要因の達成度を見る指標を設置することで、部門レベルのプロセスKPIが置かれ、そのプロセスKPIに目標値を設定することで、プロセスKPIの設定が完了です。**図4・17**は、上記の検討内容をKPI検討シートでまとめた例となります。

　成果KPI達成に必要な重要成功要因は、部門レベルで戦略マップを検討して導き出すこともできます。**図4・18**は上記営業部門の同じKPIを、戦略マップでブレイクダウンし、簡素化した例です。成果KPI達成のために営業プロセスの観点で重要成功要因を特定するのと同様、組織体制や管理体制、人材育成の領域における重要成功要因を特定しています。これらのCSFに対してプロセスKPIを設定することになります。

　SMARTで説明したとおり、成果KPIもプロセスKPIも、可能な限り

図4・17　KPI検討シートの例

部/グループ	① 上位のKPI（もしくは事業レベルの戦略マップ・KPIより）	② 部/グループが担う役割・目標・テーマ・課題（定性的表現）	③ 成果KPIの設定			
			指標	目標達成水準		
				本年度	来期	3年後
営業部	新規案件の獲得率	新規顧客に対する定期的な訪問	新規顧客の訪問件数	××	○○	△△
		新規顧客に対する提案と成約	新規顧客の成約率	××	○○	△△
	‥‥‥					

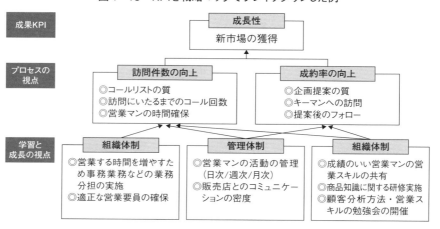

図4・18　KPIを戦略マップでブレイクダウンした例

④				
プロセスKPIの設定				
重要成功要因／ 重要プロセス	指標	目標実行水準		
		本年下半期	来期	3年後
顧客状況を反映した最新のリストの維持	リスト見直しタイミング＆回数			
必要コール数がこなせる人数の確保	コール人員			
適切なアポイントトーク回数	アポイントトーク回数			
顧客状況を把握したトークができている	顧客状況調査実施回数			
効率的な営業ルート	移動時間			
営業時間の確保	営業事務時間数			
理解しやすい提案書となっているか	上司が認める提案書数			
キーマンとの面会	キーマンとの打合せ回数			

　具体的で定量的な指標を設定しましょう。たとえば、プロセスKPIにあるコールリストの質というようなCSFは「成果が上がっているかどうかで測定する」という考え方にのっとり、コールリストを通じて「相手に正確に到達した件数」という形で定量化できます。ただし、学習と成長の視点で特定された重要成功要因で、定量的に示すのが困難な場合は、「×月×日までにコールリストを更新する」というような、進捗度合いを測定できる指標を設定しましょう。

　部門内で全体を管理する際には、図4・19のような活動やKPIに対して役割分担を明確にした表も有効です。これにより、部全体として達成すべき目標と実施事項、それぞれに対する担当者が明確になります。

　KPI検討シートは、KPIを考える際の思考のステップを反映しているの

第 3 編　活用場面別KPIマネジメント

図4・19　役割分担を明確にした表

視点	戦略／戦略課題 （戦略から落とし込んだKPI）	指標 （戦略目標（戦略課題に対するKPI））	目標達成水準（KPIの目標値）		グループリーダー	チームリーダー	営業担当 ○○	営業担当 ○○	営業担当 ○○	営業担当 ○○
			本年上期	本年下期						
成果	■売上目標の達成	売上金額（純売り）	○百万円	○百万円						
	■営業利益の確保	営業利益額	○百万円	○百万円						
	■戦略ストアの売上拡大	戦略ストアの売上金額	○百万円	○百万円						
	■戦略チャネルの売上拡大	戦略チャネルの売上金額	○百万円	○百万円						
	■新規チャネルの売上拡大	新規チャネルの売上金額	○百万円	○百万円						
	■新製品の売上拡大	新製品の売上金額 （当年＋前年発売）	○百万円	○百万円						
	■売上総利益率の向上	特価率の改善	○％	○％						
	■債権保全率	・・ランク店債権保全率　改善	○％	○％						
営業プロセス	■市場から見た商品戦略の立案	チャネル対応の商品戦略立案	○件	○件	どのKPIに責任を持つかを明確にする					
	■商品拡販のための施策立案・実行	他部との販促立案・実施	3件	3件						
	■営業品質の向上	企画提案チェック率 （対新規顧客）	○％	○％						
		消費者分析率	○％	○％						
	■コールリストの見直し	コールリストの見直し回数	1回／2週間	1回／2週間						
	■新規チャネルの獲得	新規チャネルの成約数	戦略立案1件	成約○件						
		訪問件数	○件	○件						
	■与信管理の徹底	・・ランク店の保全計画立案								
	■業務のアウトソーシング	受注センターの移管実行	計画	実行						
	■収支構造の見直し	リベート政策の現状把握・政策立案	現状把握	政策立案						
		販売価格体系の見直し								
組織体制・仕組み	■顧客分析スキルの向上	売れる仕組み提案： マネジメントが認める提案件数	○件	○件						
		営業提案勉強会の実施	○件	○件						
	■コミュニケーションスキルの向上	外部講習会の受講	講習会準備	受講○人						
	■商品知識の向上	商品勉強会の実施	○回	○回						
	■財務分析能力の向上	・・・・ファイナンス・アカウント500点以上	○人	○人						
	■営業担当適正要員の確保	営業担当人数	○人	○人						

で、今後KPIを設定するにあたっては、ぜひ参考にしてください。

3・4　アクションプランシート

　アクションプランシートとは、プロセスKPI達成のために、いつまでに何をするかを明確にする計画表です。今までKPIという目標値で語られてきた活動をどのように実行するか、それをいつ、誰がやるかが明確になるので、最終的には個人評価への活用も可能です。図4・20は上記営業活動のプロセスKPIに対する、各営業担当の行動計画の管理表です。部門の成果KPIから個人のKPIに落とされ、最終的に実施すべき項目と数値、実行時期が明確になります。

　このような形で、戦略マップからKPI検討シート、アクションプランシートという形で流れることで、KPIが経営目標レベルから部門レベル、個人レベルへと落とされ、かつアクションへと繋がります。それを、DO/CHECKフェーズを通じて、達成度合いを評価していくことで、PDCAが回るようになるのです。

3・5　ディシジョンツリー

　達成度合いの評価には、図4・21のような、ディシジョンツリーというツールが役に立ちます。事前に起こりうるシナリオパターンを構造化し、それぞれの選択肢における条件を明確にしておくことで、取るべきアクションの決定を支援するのです。突発的な意思決定をする能力は常に求められますが、定常的な意思決定パターンをモデル化することで、組織内の意思決定の標準化を図ることができます。身近な例でいうと、××万以上はパターンAの決裁、△△万以上はパターンBの決裁というように、決裁基準をディシジョンツリーで整理している企業は多いのではないでしょうか。

　ディシジョンツリーをKPIごとの達成・未達で描くことで、意思決定をさらに簡素化することが可能です。事前に用意しておくメリットの1つは、意思決定スピードの向上にあります。ただ、それ以上に重要なの

図4・20 行動計画の管理表例

③ 成果KPIの設定		④ プロセスKPIの設定	
指標	目標達成水準 / 本年度	重要成功要因／重要プロセス	指標
新規：Aストアへの訪問件数	××	顧客状況を反映した最新のリストの維持	リスト見直しタイミング＆回数
		必要コール数がこなせる人数の確保	コール人員
		適切なアポイントトーク回数	アポイントトーク回数
		顧客状況を把握したトークができている	顧客状況調査実施回数
		効率的な営業ルート	移動時間
		営業時間の確保	営業事務時間数

顧客ごとのKPIを明記し、**各営業プロセスでのKPI（やるべきこと）** を意識できるようにする

は、事前に意思決定する基準を設けて合意・ルール化しておくことで、「例外」的な意思決定を避けるという狙いがあります。国内でマネジメントしている範囲では、明確な基準を見える化しなくても許される面もあるでしょう。しかし、グローバルでKPIをPDCAに活用する仕組みとして取り入れるのであれば、できる限りシステマティックに物事を運用していかなければなりません。国内外に限らず、さまざまなダイバーシティ要因により「阿吽の呼吸」が通じなくなっている近年では、このようなツールを積極的に採用し、仕組み化していくことを推奨します。

ここまでは、全般的な業務において、経営戦略レベルから、個人レベルのKPIへ落とし込むための進め方や考え方を説明してきました。次の章では、特に成果が定義しにくい管理・間接部門に焦点を当て具体的事例を用いて、KPIの設定を解説します。

部門の中期計画・年度計画に活用する 第4章

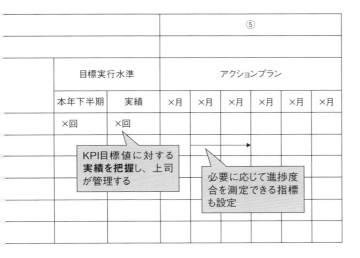

図4・21 ディシジョンツリーのイメージ

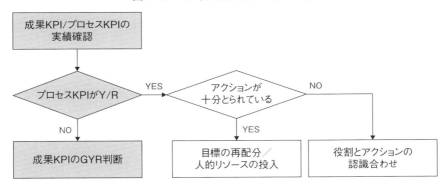

第5章
管理・間接部門に活用する

本章では、管理・間接部門の業務にKPIマネジメントを適用する際のポイントを説明します。

1 管理・間接部門の業務の特徴

　管理・間接部門とは、一般的に、総務・経理・財務・人事・企画・法務・広報・管理・情報システムなどの機能・部門の総称です。開発・生産・販売・物流といった事業の基幹系業務以外全般といった捉え方で問題ありません。販売管理や生産管理などの基幹系管理機能・計画機能や、技術設計や研究開発などを含める場合もあり、どこまで含めるかはケースバイケースです。

　最初に、管理・間接部門の業務の一般的な特徴を整理して、それを踏まえてKPIマネジメントをどう適用すればよいかを説明します。

1・1　一見、直接的な成果が見えにくい

　1つめの特徴としては、一見、直接的な成果が見えにくいという点が挙げられます。販売や生産などの直接部門は、売上高・受注件数・粗利益額（販売）であったり、生産高・良品率・コスト低減率・納期遵守率（生産）などのように、業務の直接的な成果を定量的・財務的な指標で把握・測定しやすい業務です。

　一方、管理・間接部門では、直接的な成果を定量的な指標で捉えることが難しい面があります。たとえば、経理部門の業務を想像してみてください。実際には、経理部門の業務でも、人員工数、業務コスト削減額、経理手続きのミスやコンプライアンス違反の件数など、機能・役割に応じて定量的な目標指標（成果KPI）は設定できますが、指標を置きにくいイメージがあります。これは管理・間接部門の業務の多くは、財務的な指標を目標としないという点が関係しているのでしょう。

1・2　ユーザー視点を欠きやすい

　次に、管理・間接部門の業務は、業務内容を設計したり、改善したりしていく際にユーザーの視点を欠きやすいという点が挙げられます。これはまさしく「管理・間接」の言葉のとおり、業務の直接の対象（役務提供の対象）が、企業・事業のユーザー（顧客・お客さま）ではない場合が多いことに起因しています。

　販売の場合ならば、業務の対象は直接の顧客や販売チャネルです。生産ならば、第一次的には良品を生産して引き渡す社内の後工程（販売部門・物流部門など）であり、その後ろには製品・サービスを購入いただくユーザーがいます。

　では、管理・間接部門の場合はどうでしょう。直接の役務提供の対象は、たとえば社内の他部門（情報システム部門→情報システムのユーザー部門）であったり、従業員（人事・教育部門→従業員）であったり、会社の経営陣（経営企画部門→経営陣）であったりします。つまり、直接的なユーザーが社内で閉じているケースが多いのです。

　販売・生産は、社外や社外に近い社内がユーザーなので、業務の成果は比較的定義しやすく、その良し悪しに対して社外の視点が常に含まれる形になります。一方、管理・間接部門では、ユーザーが社内に閉じているため、何が業務の成果なのかを定義しにくかったり、業務の内容・質に対するユーザー（社内・社外含む役務の受益者）の視点を欠いてしまいやすい傾向にあります。これが、管理・間接部門の業務に対するKPI設定が難しいとイメージしてしまうことにつながっています。

　しかし、こうした特徴があるからこそ、ユーザーの視点をしっかりと捉えることで、良いKPIが設定できるようになります。その点は、後ほど改めて記述します。

1・3　組織設計によって業務内容や担当機能が変わりうる

　管理・間接部門の業務は、どのように組織や業務を設計するかによって、業務内容や担当機能が変わりやすいという特徴があります。販売や

生産などの直接部門は、組織の見直しがあっても実際にはさほど大きな変化がありません。しかし、たとえば総務機能に含まれる業務は組織設計次第でどのようにでも変わりえます。他の管理・間接部門においても同じような傾向があります。

また、企業間で比較してみると、組織名称上は同じでも、担当している業務範囲はまったく異なることが多く見られます。たとえば、経営企画部門の担当機能・業務などはその典型でしょう。ある企業では、全社や各事業の予算策定のとりまとめを中心とした業務に機能が限定されています。他の企業では、全社や各事業の戦略立案機能や経営計画の実行管理の機能までをも含んでいます。もちろん、いずれの組織設計が正しいというものではありません。

さらに、同じ企業の同じ部門であっても、誰が部門長なのかによって担当業務や機能の範囲が変わったりします。A部長のときは経営企画の担当機能が限定的だったが、B部長になると担当機能の範囲が広がったなどのケースです。組織設計がヒトに依存している形になりますが、これが良くない組織設計のやり方かというと、必ずしもそうではありません。各部門の業務範囲を固定的に捉えすぎずに、人材の状況に応じて柔軟に組織設計しているとも言えます。

このように、管理・間接部門の業務は、業務内容や担当機能が状況によって変わりやすいという特徴があります。そのため、一見何を主な役割とし、何を主な成果とするべきかということを捉えにくいという面があります。しかし、この点もKPI設定において部門の役割などをしっかりと検討していく手順を踏むことで、達成すべき成果の明確化を進めることができます。

1・4　組織の方針や優先順位によって求められる水準が変わりうる

管理・間接部門の業務は、組織の方針や優先順位の置き方によって、その部門・機能に求められる成果や実施内容の水準が変わりうるという特徴があります。

広報の機能を例に考えてみましょう。広報機能に何を求めるかについて、ある企業の経営陣は同業他社と同じレベルの広報やIR活動を実施する程度でよいと考えています。しかし、別の企業では、戦略的な広報・IRを行うとする経営陣の方針のもとに、他社にはない施策を推進したり、広報活動の結果として企業の知名度向上の成果を求めていくと考えています。このように、組織の方針や、他の業務機能との力の入れ方の優先順位などによって、同じ部門・機能においても求められる成果や水準は異なってくることがあります。企業の状況、時期、誰が部門長を担うかなどによっても変わってきます。

　営業などの直接部門でも、組織方針や優先順位によって、求められる成果や水準は変わりえます。しかし、管理・間接部門の方が、その変動の幅は大きいでしょう。営業などでは、水準は変わっても売上や利益を伸ばすという点は変わらないケースが多いでしょう。一方、管理・間接部門では、極論すると、その機能に会社として取り組むかどうか自体が組織方針や経営陣の考え方によって変わりうるくらいの変化の幅があります。

　たとえば、CSR（企業の社会的責任）への取組みなどもその一例です。CSRに力を入れてさまざまな戦略意図を含めながら取り組む企業があれば、基本的にはCSRにさほど経営資源を投入しないという企業もあるでしょう。これも業務内容・担当機能の設計と同じく、いずれかが正解というわけではありません。

図5・1　管理・間接部門の業務の特徴

```
◎一見直接的な成果が見えにくい
◎ユーザー視点を欠きやすい
◎組織設計によって業務内容や担当機能が変わりうる
◎組織の方針や優先順位によって求められる水準が変わりうる
```

特徴を踏まえた検討を行うことで、活用意義のあるKPI設定が可能

このように、管理・間接部門の業務は、組織の方針や優先順位の置き方によって、その部門・機能に求められる成果や実施内容の水準が変わりえます。そこでKPIマネジメントでは、その部門や機能に対する組織の方針や期待値を確認しながら進めていくことになります（図5・1）。

2 管理・間接部門でのKPI設定のポイント

前述した特徴があるために、管理・間接部門の業務に対しては、KPIを設定しにくいとの印象を持たれがちで、そのためにKPIマネジメントの導入をためらうというケースも多いようです。確かに、直接部門に比べると定量指標としてのKPIを設定しにくい面もあります。しかし、業務の特徴を踏まえて各業務・機能に対する期待値や組織方針などをしっかりと確認していくことによって、直接部門と同様に活用価値の高いKPIを設定することができます。そのポイントについて、本項で整理していきます。

2・1　達成状態・実現状態を具体的に考えてみる

最初に強調しておきたいのは「KPIを設定しにくい」からは逆説的ですが、指標化にこだわることで、管理・間接部門の業務の特徴である「曖昧さ」をクリアにすることができるという点です。先に整理した管理・間接部門の業務の特徴を一言でいうと、「曖昧さ」が多いということができます。何をどこまで達成・実現すればよいかが、一見明確でない場合が多いのです。

そこで、KPI設定のポイントの1つめは、それぞれの業務や機能で、何をどこまで達成・実現すればよいかをできるだけ具体的に検討してみるということです。最初は、定性的な検討でも構いません。定性的な検討を一段・二段と具体的に落とし込んでいくことで、指標化できるところまで行きつきます。

例を挙げて考えてみましょう。人材教育の機能で「グローバル人材の

強化」という担当機能があるとします。これは定性的な方針・方向性にすぎません。これに対して何をどこまで達成・実現すればよいかを考えていくと、たとえば次のように落とし込んでいくことができます。

・グローバル人材が増えた状態とはどういうことか？
　→海外拠点との間で、事業側が求める人材を部門間でフレキシブルに異動・配置することができる
・事業側が求める人材とはどのような人材か？
　→国内・海外を問わず、当事業の営業現場の経験があり、加えて、当社の事業計画・予算の立案・管理に関する基礎知識を持っている人材。英語力は当初はネイティブレベルを求めるものではなく、ビジネス文書の読み・書きができるレベルからでよい。
・上記のような人材は、年間何人程度を海外拠点に異動・配置することが望まれるか？
　→短期・中期の年度計画を踏まえると、各年度において○人が必要。

　こうして整理していくと、この企業の「グローバル人材の強化」に対して、成果KPI（達成状態・実現状態）を定量的な指標で記述できるとのイメージが持てるでしょう。定性的な方針・方向性の中身が具体性を持って設定され、曖昧さもクリアされます。

　達成状態・実現状態を具体的に考えると、プロセスKPI（高めるべきこと・やるべきこと）の検討も容易にします。先の例でいえば、どのような階層の人材に、どのような内容・水準の教育を行えばよいか、将来のグローバル人材の候補者が何人程度保有できていればグローバル対応への人員基盤として十分かというようなプロセスKPIがおのずと設定されていきます。

　このように、1つめのポイントは達成状態・実現状態を具体的に考えてみるということです。

2・2　定常機能と取組みテーマに分けて考えてみる

　次のポイントは、KPIの設定対象の整理の方法についてです。2・1

で述べた「具体的に考えてみる」対象をどのように抽出・整理すればいいのでしょうか。

これについては、第4章で説明したとおり定常業務とプロジェクト型業務に分けて考えてみることをお勧めします。なお、本章においては、これを「定常機能」と「取組みテーマ」として説明を進めます。定常機能とは、「業務フローや職務分掌などに記載されている、部門の業務機能に関わる定常的な活動」です。通常は、部門のミッションや職務分掌、並びに現在行っている業務内容などから定常機能を整理することができます。取組みテーマは「戦略的施策の位置付けで、明確な目的、ゴールのもと、期間限定で組織を編成して行われる活動」と捉えてください。

他の部門や機能についても、定常機能と取組みテーマに分けてKPIを設定する対象を整理することが有効ですが、管理・間接部門の業務の場合は、前述のとおり同じ名称の部門・機能でもその業務内容が異なってくる面が多いため、定常機能に含まれるものは何かを整理することが重要であり、かつ有効な整理方法です。

また、管理・間接部門は通常全社の本社部門として、管理などの定常業務・オペレーションとともに、将来に向けた制度・システム・ルールなどの見直しや、プロジェクトテーマ的に解決しなければならない事項を担っているケースが多いでしょう。時と状況によって取組みテーマも変わってきます。その意味で、そもそも「自分たちは何を担っているのか」を明確に整理することが重要になります。そして、それによりKPIを設定する対象も明確になるのです。

定常機能を抽出・整理するための進め方や整理例は、改めて次項「用いるツールと活用法」で説明します。また、取組みテーマに対してのKPIの設定・活用の方法については、第6章「プロジェクト型業務に活用する」において説明します。

2・3　業務のQ・C・Dを考える

定常機能のKPIを設定していく際には、それぞれの業務機能に対して、

Q（Quality）、C（Cost）、D（DeliveryないしはService）の視点で、達成状態・実現状態を検討していくことも有効です。Q・C・Dは言い換えると、品質（どのような業務品質を求めるか）、コスト・投入（どの程度のリソースをかけるか）、スピード・サービス（どの程度のスピードやサービス水準を求めるか）となります。

管理・間接部門の業務では、何をどこまで実現するかの設定が曖昧になりがちです。そこで、コスト・投入とのバランスなど、とくに「Q・D」と「C」とのバランスで達成・実現状態を考えていくことが重要です。

その際、以下の2つの視点を踏まえると、さらに良いKPIの設定ができます。

1つは、ユーザー視点での期待値は何かを考えるという点です。管理・間接部門の業務は、どうしてもユーザー視点を欠きがちです。それは、達成状態・実現状態（成果KPI）を考える際にも同様です。現状肯定型で、いま行っている業務水準が目指すべき姿であると考えてしまったり、逆にユーザーが期待しないような過剰な業務品質・サービス水準を想定してしまうこともあります。したがって、社内・社外のユーザーの視点で、この業務や機能に対しての期待値は何かを考えることが大切です。それによりQ・C・Dをバランスを保ちながら検討することができるようになります。

もう1つは、その機能や業務で、当然達成しなければならない当たり前の水準とは何かという視点で考えてみることです。「当たり前機能」というような表現を使います。とくに、定型性・定常性が強いオペレーショナルな業務・機能のKPI設定を進めていく際に有効な視点です。最低限満たさなければならない水準を設定するとともに、それをさらに高めていくための活動や施策をプロセスKPIや取組みテーマとして設定していくことができると非常に良いKPI設定といえます。

2・4　起こしてはならないことを考える

当たり前機能と少し似ていますが「起こしてはならないこと」を考え

るのも、管理・間接部門の業務や機能の達成状態・実現状態を具体化していく上で有効な視点です。管理・間接部門の業務には、いわゆる「守りの機能」と呼ばれるものが多くあります。たとえば、内部統制、リスクマネジメント、コンプライアンスに関することなどです。手続き・ルールなどの遵守であったり、起きてはならないことの事前予防的な業務や機能です。「商売繁盛・家内安全」の家内安全に相当する機能です。

こうした「守りの機能」の成果KPIを考える際に「起こしてはならないこと・起きてはならないこと」とは何かを考えると、KPIを設定しやすくなります。「起こしてはならないこと・起きてはならないこと」の発生数・頻度などがまさしく成果KPIに設定すべきものとなります。

その際に推奨したいのは、成果KPIの達成水準をできるだけ高い目標にするという点です。これを「究極の目標を設定する」といいます。たとえば「手続き違反に基づく…は発生ゼロ件」というような置き方です。

究極の目標を設定する利点は、一見達成が難しいと思われる高い目標を置くことで、実現のために「何にしっかりと取り組まなければならないか」という重要成功要因の検討の質が上がる点です。重要成功要因の検討の質があがると、良いプロセスKPIが設定できます。

たとえば「発生ゼロ件」という目標は、
・手続き・ルールを浸透させるための施策を従来よりもしっかりと進める
・浸透教育の機会や質を高める
・手続き違反に繋がりうる取引や処理そのものを減らす

など、より高い視点で究極の目標に向かう方策を考えられるようになります。達成可能性が低かったり、成果KPIの達成度合いを部門評価に用いる場合などでは、安易に設定しにくい面もあるでしょう。しかし、とくに「守りの機能」については、できるだけ高い視点で成果KPIの目標水準を考えていく方が、組織全体にとっても良い効果が得られます。その点を踏まえてKPIの活用方法を検討してください。

2・5　あるべき姿や変革をリードする視点で考える

「究極の目標」と同じように、「あるべき姿を考える」「変革をリードする視点を持って考える」という点も重要です。成果KPIの検討は、ともすると現状肯定型になり、目標水準が「現状できているレベル」に陥りがちです。その業務や機能が事業環境面や経営陣からの期待を含めて、そのレベルで良いのであればそれでよいのですが、常にそうとは限りません。

本来、管理・間接部門は本社・コーポレート機能として、組織全体の強化や、将来に向かっての改革テーマの認識・設定、経営に対しての意見具申などを行っていく役割があります。そのためには、業務のあり方自体も現状肯定型ではなく「本当はどうあるべきか」であったり、今後の事業環境の変化を踏まえると「何に手をうっていくべきか」というようなことを考えていくべきです。KPIの設定においても、それが表れなければなりません。

販売・生産・開発のような直接部門の場合は「あるべき姿」や「変革をリードする」視点としては、中長期のビジョンや中期の事業計画というような具体的な事業目標がストレッチ（高い目標設定）を引き出す役割を果たします。一方、管理・間接部門の業務・機能では、事業目標面からのストレッチはどうしても薄くなりがちです。そこで、管理・間接部門の業務の成果KPIを検討する際は、「あるべき姿」や「変革をリードする視点」を意図的に含めて検討することが大切です。その視点で検討することで、定常業務・機能において高い目標設定ができるとともに、管理・間接部門がリードして企画・推進すべき取組みテーマが導かれてきます。

2・6　成果KPI→プロセス→インフラを考えてみる

図5・2は、管理・間接部門の業務・機能の成果KPIを頂点において、その達成に向けた業務・プロセス面の課題、資源・インフラ面の課題を考えています。第4章で戦略マップの作成を紹介しましたが、管理・間

接部門の業務・機能についての戦略マップを作成すると考えてください。

この視点は、業務や機能における将来に向けての強化課題を抽出・整理していく上で有効です。「あるべき姿」を考えたうえで、その実現のための課題は何かを検討することで、定常業務の推進とは別に企画・推進すべき取組みテーマの抽出に役立ちます。事業の戦略マップと同じように「顧客（ユーザー）」の視点を加えて検討してもいいのですが、取組みテーマを抽出するという視点からは、その対象である「プロセス・業務面」や「資源・インフラ面」とする方が整理しやすいでしょう。ここで抽出された取組みテーマについては、第6章で紹介する「プロジェクト型業務におけるKPIマネジメント」の手法に沿って、KPIの設定と活用を進めるとよいでしょう。

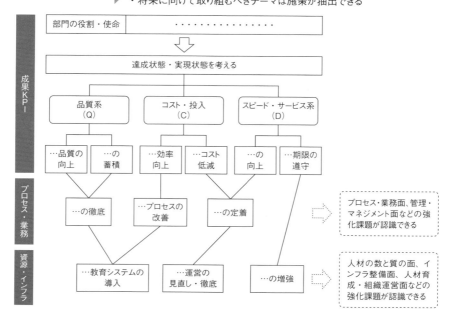

図5・2　管理・間接部門の業務・機能の戦略マップを考える

第5章 管理・間接部門に活用する

3 用いるツールと活用法

　本章で整理した特徴とポイントを踏まえて、実際に取り組んだ事例と、そこで用いたワークシートなどを紹介します。ワークシートは、一般化した形に整理しています。

　活動の目的・狙いは、「管理・間接部門の機能強化」と「効率性向上」を同時に実現することでした。強化すべき機能は、より対応力を高める一方で、過去からの流れで残っているムダな業務や重複業務は排除することも目的・狙いとしました。

　目的・狙いに対して、KPIマネジメントをどう適用するかについての初期検討を1～2ヵ月間実施しました。その後各部門において、KPIの考え方を適用しながら機能強化と効率化の方向性の検討を2～3ヵ月程度実施し、改革・改善の方向性をまとめていきました。さらにその後に、KPIを活用しながらの改革・改善活動の実行とフォローアップを数年間行いました。

3・1　設定手順とワークシートの全体像

　図5・3は管理・間接部門のKPI設定を進める際の事例企業における手順を整理したものです。ステップ1～5の全体を通して、より高い視点や上位方針を踏まえての検討を行うために「全社の戦略・方針」や「管理・間接機能のあるべき姿」などを踏まえながら設定を進めていきました。

　たとえば、取組み事例の企業では、管理・間接機能の改革方針として、以下の事項が基本方針として設定されました。

・5年後、10年後の事業環境の変化を見据えて、現状の姿ありきではなく、あるべき姿を改めて考え、管理・間接機能の強化に取り組む
・機能強化のために人員数の増枠は行わない。機能強化のための人員は現在の業務の効率化や削減の中から捻出する

　図5・4は、取組みで用いられたKPI設定に関連するワークシートの

第3編 活用場面別KPIマネジメント

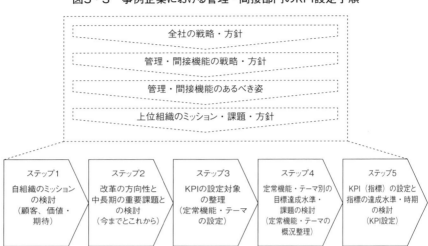

図5・3 事例企業における管理・間接部門のKPI設定手順

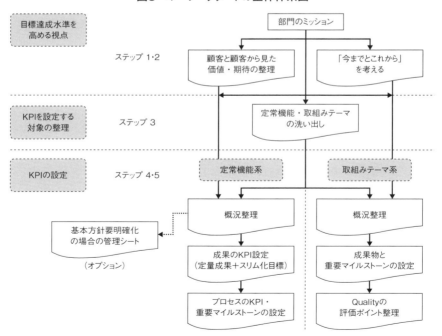

図5・4 ワークシートの全体体系図

全体体系図です。図5・3のステップと対応する形でワークシートが設計されています。以下において、それぞれのワークシートを各ステップでのポイントを整理しながら紹介していきます。

3・2　目標達成水準を高める視点

目標達成水準を高める視点では、KPIの設定に先立って、あるべき姿や改革の方向性を考えていきます。管理・間接部門の業務の場合、ややもすれば現状肯定型で目標を考えてしまいがちです。そこで「この業務や機能はどこまで高めなければならないか、良くしなければならないか」を改めて検討し、より高い視点を持つようにすることが必要です。

そのために、取組み事例では2つのワークシートを用いています。1つは「顧客と顧客からみた価値・期待の整理」（図5・5）、もう1つは「今までとこれからを考える」（図5・6）です。いずれも検討の出発点は、職務分掌などから、部門や機能のミッション（役割・使命）を確認するところから始めます。

（1）顧客と顧客からみた価値・期待の整理

ミッションを踏まえて「顧客は誰か」「顧客から見た価値・期待は何か？」を検討します。管理・間接部門はユーザー視点を欠きがちですから「顧客は誰か」を改めて整理してみるのです。その場合、いわゆる企業としての顧客もありますが、業務・役務の受益者・ユーザーを顧客として整理していきます。したがって、記載例（人材開発の例）のように、複数の「顧客」が設定されることもあります。

そして、それぞれの顧客が期待すること・価値とは何かを考えていきます。それによって、自分たちのあるべき姿、磨かなければならないこと、真に期待されていることが整理されます。これはすなわち、より高い水準を目指す視点となります。

（2）今までとこれからを考える

中長期の先を見据えたときに、その部門や機能がどう変わっていかなければならないかを考えます。「現状はこうだが、将来は…にならなけ

図5・5 顧客から見た価値・期待の整理

KPI設定に先立って自部門のあるべき姿や改革の方向性を考えることが有効

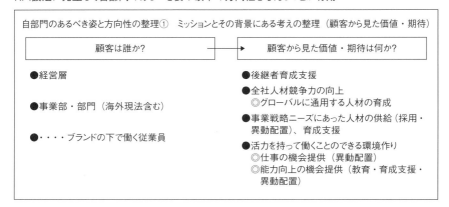

図5・6 今までとこれからを考える

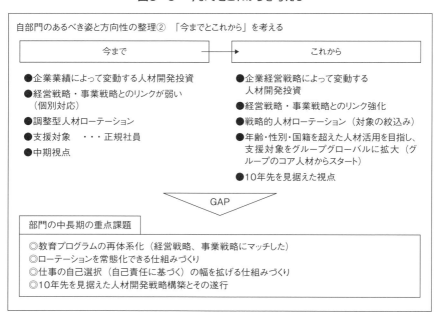

ればならない」という視点です。

その際、部門や機能にまつわる環境変化を考えてみることが有効です。環境変化を認識する視点として、前述した「PEST（Politics、Economics、Social、Technology）」の視点も参考になります。

これらすべてを考える必要はなく、部門や機能の今後のあり方に影響するような事項を抽出してみるという形でかまいません。大切なのは、中長期の視点で起こりうる変化・リスクを考えることです。

顧客・ユーザーの視点（図5・5）と、時間軸の視点（図5・6）からあるべき姿や改革の方向性を考えていくので、その部門や機能としての中長期の重点課題が整理できていきます。

3・3　KPIを設定する対象の整理

次に、KPIを設定する対象の整理です。**図5・7**を参照ください。ポイントでも述べたとおり、定常機能と取組みテーマに分けて目標やKPIの設定対象を整理していく方法が有効です。とくに、含まれる業務や重点施策がそのときどきで異なる管理・間接部門においては、何がいま目標・KPIを設定する対象なのかを整理すること自体が、部門や業務のあり方を考えることにもつながります。

定常機能、取組みテーマの抽出方法に決まりはないですが、以下の視点で現状取り組んでいることを列挙し、それらを集約する方法で進めるのが通常です。

・部門や機能のミッション・役割・職務分掌から列挙する
・現状実際に行っている業務から列挙する
・部門の業務計画や施策に挙がっていることを列挙する（とくに、取組みテーマの抽出には有効）

KPIの設定対象の整理では「対象はいくつ程度が妥当か」というような質問を受けます。部門や機能に含まれる業務の広さや組織規模などに依存するので一概には言えませんが、通常5～8個程度に括られるケースが多いようです。ただし、制限やルールがあるものではありません。

図5・7の記載例程度の粗さ加減を1つの目安にしてください。細かすぎても粗すぎてもよくありません。曖昧ですが、相互に影響がなく、目標やKPIを設定できる程度の業務のまとまりで括るという感じになります。

図5・7　KPIを設定する対象を整理する

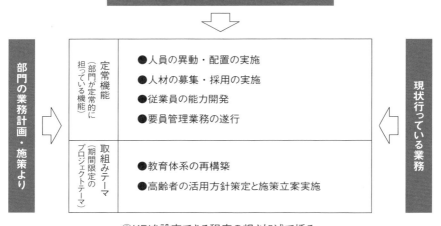

3・4　KPI設定シート（定常機能）

　KPIの設定対象が整理されたら、1つひとつの定常機能と取組みテーマに対してのKPI検討に進みます。取組み事例での定常機能のKPI設定シートの概要は**図5・8～5・11**を参照ください。

　「概況整理」のシート（図5・8）では、目標達成水準を高める視点で検討したことを再度確認し、検討対象の定常機能における目指すべき方向性や課題を整理します。
・当該定常機能が関連する改革の方向性のチェック
・当該定常機能の顧客の再確認
・中長期視点でのあるべき姿の検討（定性検討）

図5・8　管理・間接部門のKPI設定シート例（定常機能）　～概況整理～

定常機能の概況整理シート
対象定常機能名：[人材の募集・採用の実施]

この定常機能が特に強く関連する「管理・間接部門の改革の方向性」は何か？（チェック入れる）（追加可）

	改革の方向性
	グローバル展開
	連結対応
●	中長期の視点・持続的成長の視点
	重点分野・戦略分野へのシフト／機能の先鋭化
	業務のスリム化・効率化・集中化・簡素化
●	事業支援機能の強化
	社員・従業員へのサポート
	ビジネスプロセス革新
	リスク・マネジメント
	新事業創出の支援

この定常機能が特に強く関連する「今まで」と「これから」は何か？（チェック入れる）（追加可）

	今まで	これから
●	企業業績によって変動する人材開発投資	企業経営戦略によって変動する人材開発投資
●	経営戦略・事業戦略とのリンク弱い（個別対応）	戦略的人材ローテーション
	調整型人材ローテーション	経営戦略・事業戦略とのリンク強化（対象の絞込み）
	支援対象　正規社員	年齢・性別・国籍を超えた人材活用を目指し、支援対象をグローバルに拡大
	中期視点	10年先を見据えた視点

この定常機能の直接的な顧客は誰か、その顧客から見たこの定常機能への強い期待・価値は何か？（箇条書で記述する）

顧客	顧客からの期待・価値
事業部・部門（海外現法含む）	事業戦略ニーズにあった人材の供給

	あるべき姿実現に向けた課題	必要施策
	●雇用形態別の重点領域を明らかにする	●事業ニーズの収集の仕組み再構築（中期人員計画・短期人員要求）
	●採用人材の「質」基準を再検討し、明確化する	●募集チャネルの拡大
	●基幹社員確保のスキーム再構築	
	●中途採用開始基準のルール化	

この定常機能の中長期（5年後を想定）のあるべき姿

対象	あるべき姿の実現状態（定性表現）
本体	人材要件に基づく採用プロセスが確立されている状態
関連会社	人材要件に基づく採用プロセスが関連会社へも展開されている状態

第3編 活用場面別KPIマネジメント

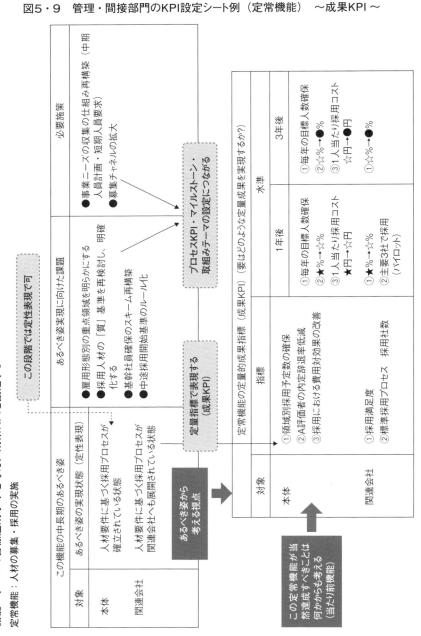

図5・9 管理・間接部門のKPI設定シート例（定常機能） 〜成果KPI〜

148

第5章 管理・間接部門に活用する

図5・10 管理・間接部門のKPI設定シート例（定常機能） 〜プロセスKPI〜

成果KPIを達成するための重要成功要因を考え、プロセスKPIを設定する

定常機能の定量的成果指標（成果KPI）（要はどのような定量成果を実現するか？）

対象	指標	水準 1年後	水準 3年後
本体	①領域別採用予定数の確保 ②A評価者の内定辞退率低減 ③採用における費用対効果の改善	①毎年の目標人数確保 ②★→☆% ③1人当たり採用コスト ★円→☆円	①毎年の目標人数確保 ②☆%→●% ③1人当たり採用コスト ☆円→●円
関連会社	①採用満足度 ②標準採用プロセス 採用社数	①★%→☆% ②主要3社で採用（パイロット）	①☆%→●%

↑ 成果に直接結びつく特に重要な業務プロセスは何か？

その業務プロセスの良さを測る指標は何か？ →

対象	重要成功要因	指標（プロセスKPI）（これが高められれば成果に繋がる）	水準 1年後	水準 3年後
本体	①面接官育成プロセス ②A評価者へのフォロー業務 ③中途採用の募集チャネル拡大 ④採用満足度調査結果に基づく継続的改善・実行	①面接官トレーニング実施率 ②フォロー回数・フォロー時間 ③募集チャネル見直し回数 ④ワースト3項目の次年度改善度	①100％実施 ②2回/人 ③毎年全チャネル実施 ④全項目改善	同左
関連会社	①採用プロセスの標準化に向けての対象会社との合意形成プロセス	①対象会社との事前調整打ち合せ回数	3回以上／対象会社（導入予定の半年前までに）	

重要成功要因に対する指標
（成果に直接結びつく成功要因となる特に重要な業務プロセスは何か？）

（これをやれば成果の量・質が高まるというものを特定する）

149

第 3 編　活用場面別KPIマネジメント

図5・11　管理・間接部門のKPI設定シート例（定常機能）　～重要マイルストーン～

重要な実行項目の実施時期と水準を整理する（補足記述）

目指す姿の実現に向けての重要な実行項目は何か？

	重要なマイルストーン（何を）	対象	達成時期	水準（どのような状態に）
重要なマイルストーン （目指す姿の実現に向けての重要な実行項目） （いつまでに……をXXXする）	①経営戦略・事業戦略とリンクした採用戦略の策定	本体		
	②スペック・基準の明確化		②・・年・・月	②完了している
	③面接官育成研修の実施		③毎年・・月	③定期的に実施
	④フォロー活動内容・方法の再構築		④☆☆年★★月	④完了している
	⑤新規チャネルの発掘・開拓		⑤☆☆年★★月	⑤●●個開拓している
	⑥満足度指標（基準値）の設定		⑥☆☆年★★月	⑥完了している
	⑦採用プロセスマニュアルの作成	関連会社	⑦☆☆年★★月	⑦マニュアルが完成している（例外基準）
	⑧主要関連会社に対する採用プロセスマニュアル活用のための支援		⑧☆☆年★★月	⑧採用プロセスマニュアルの説明会が全ての主要関連会社向けに実施されている（各社別導入スケジュール確定）

・あるべき姿実現に向けた課題と必要施策の整理

　これらは定量指標としてのKPIを設定するための前段階の準備となります。それを踏まえて、あるべき姿の実現状態を定量指標ではどうなるかを検討し、成果KPIを設定していきます。取組み事例では、具体的な目標水準の設定を考慮して、あるべき姿は5年後をメドとした中長期に対して、成果KPIは3年後、1年後の状態に対して設定することにしました。

　成果KPIが設定されたら、これを達成するための重要成功要因を考えて、プロセスKPIを設定します（図5・10）。この点の考え方と検討方法は第3章、第4章で述べた点と同様です。

　取組み事例では、成果KPI・プロセスKPIの設定に対しての補足的検討事項として、重要マイルストーンの設定も行いました（図5・11）。重要マイルストーンとは、時間軸での重要実行項目のことです。管理・間接部門の業務では、定量指標としての成果KPI・プロセスKPIとは別に、何をどの順で取り組むかを整理すると進捗管理が行いやすいとの判断から設定しました。ただし、記述は必須ではなく、任意です。中長期的に強化を図っている機能や、抜本的な業務改革が必要な機能の場合は、このような時間軸での実施項目の設定が有効です。

3・5　KPI設定シート（取組みテーマ）

　取組み事例では、定常機能のKPI設定シートと取組みテーマのKPI設定を若干変えて運用しました。概況整理のシートについては、定常機能のシートと同様ですから割愛します。

　変更されているのは、取組みテーマの成果KPIについてです（図5・12）。管理・間接部門における取組みテーマは、各種の仕組み・制度の構築や、ルール・基準の見直しなどが多くなります。それらの施策すべてに、直接的な成果指標を設定するのが難しい面もあるとの判断から、取組みテーマについては、成果物と達成時期を明確にするということをもって成果KPIにすることにしました。ただし、実際の運用においては、

第 3 編　活用場面別KPIマネジメント

図5・12　管理・間接部門のKPI設定シート例（取組みテーマ）

取組みテーマの成果のKPI設定シート
対象取組みテーマ名：「教育体系の再構築」

取組みテーマの最終成果（Qualityの評価は別紙シートで作成）

成果物（仕組み構築・制度構築・など）（何を）	対象	達成時期	水準（どのような状態に）
①職能別の研修内容の見直し	本体	①・・年・・・月	①見直しが完了している
②見直された職能別研修の実施		②・・年・・・月	②研修が実施されている
③役割別のスキルバランスガイドラインの設定		③・・年・・・月	③設定が完了している
④社内教育に対する満足度が向上している		④・・年・・・月	④満足度が☆☆ポイントアップしている

最終成果に向けた重要なマイルストーン

重要なマイルストーン（何を）	対象	達成時期	水準（どのような状態に）
①部門横断プロジェクト取り組むことについて経営承認を得る	本体	①☆☆年★★月	①承認が得られている
②研修実態の再把握		②☆☆年★★月	②教育の現状が棚卸されている
③経営者の思い確認		③☆☆年★★月	③経営者の思いが確認されている
④部門ニーズの再調査		④☆☆年★★月	④部門ニーズが把握されている
⑤教育部会の立上げ		⑤☆☆年★★月	⑤第1回の教育部会が開催されている
⑥社内教育に対する従業員満足度調査の実施		⑥☆☆年下期	⑥第1回目の満足度調査が実施されている

取組みテーマの推進体制

取組みテーマの推進体制
部門横断プロジェクトを活用して推進する（要経営承認）

想定投入工数・投入人員
人材開発課より0.7人＋各部門のプロジェクトメンバー（各事業部）

152

いわゆる定量指標としての成果KPIの設定が可能なものについては、定常機能と同様の定量指標を設定しています。

同様の理由から、プロセスKPIについても必須での設定とはせずに、成果物の達成時期（最終的なゴール）に向けての重要マイルストーンを明確にすることを必須の記述事項としました。

定常機能のKPIシートにはない記述事項としては、推進体制と想定投入工数・投入人員の欄です。取組みテーマは、期間限定での施策やプロジェクト的なものなので、どのような体制と人的投入で取組みテーマに対処していくかを明確にするという意図で設定しました。

3・6　品質面のチェックポイントを設けて定性的側面をカバーする

取組みテーマを、成果物と期限の目標設定（「いつまでに…する」）としたことを受けて、単に期限の目標設定だけでは、本当に良い取組みが行われたかの確認が難しいとの検討点が挙がりました。そこで作成したのが、**図5・13**の「Qualityの評価ポイント整理シート」です。それぞれの取組みテーマが、どうなっていれば質が高いと言えるのかを、取組みテーマの企画段階で明確にしておこうという目的で作成されるシートです。それによって、単に期限までに一応の成果物が作成されればよいということではなく、本来実現すべきことが実現できているかどうかを、実施途中、完了後に確認できるようにしました。

取組み事例では、5つの視点については、どの取組みテーマについても必須の視点としました（図5・13）。それぞれの視点において、質（Quality）を確認する評価ポイントを記述しています。これにより、取組みテーマの成果KPIに近いものが設定されるケースも多く見られました。何を高めるべきなのかが具体化するということです。

5つの必須の視点のほかにも、取組みテーマの企画者が任意で追加の視点を設定できるようにしています。企画者の意識や力量がKPI設定に表れる形になるとともに、企画者の企画力やプロジェクト設計力の向上にも寄与したシートとなりました。このシートは管理・間接部門の業務

第3編 活用場面別KPIマネジメント

図5・13　管理・間接部門のKPI設定シート例（取組みテーマ等の品質チェックポイント）

Qualityの評価ポイント整理シート
対象：「職能別の研修内容の見直し」

対象のカテゴリー（チェック）：☑取組テーマの成果物　□取組テーマの重要マイルストーン　□定常機能の重要マイルストーン

	Qualityの評価の視点カテゴリー		Qualityを評価するポイント （どうなっていれば取組みの質が高いといえるか？）（事前の企画段階で何を経営とコミットするか？）
	記号	視点	
必須の視点	B	顧客・受益者満足	従業員満足度調査より、従業員の研修に対する満足度が3年後にアップしている
	A	戦略適合性	全社の中期重点課題達成のための人材育成を実現する研修になっている
	D	実現性の確保	現状の研修の実態を踏まえて、改善すべきポイントや不足している点が研修内容に盛り込まれている
	M	定量成果実現	TOEIC平均スコアが☆☆点アップしている（他の重点スキル・素養についても設定）
	K	モニタリング	従業員満足度調査や教育委員会からの意見をもとに、研修プログラムの修正を定期的に行っている
追加の視点	E	他社優位性・差別化	ベンチマークすべき企業の研修内容について情報収集・分析して、その結果を研修内容に反映させている

・この取組みマイルストーンの質の評価を考えた場合に重要な視点を「追加の視点」として設定する。合計7～10の視点を目処。
・下記の例に適当なものがなければ各自で記述する。
・それぞれの視点に対して、「Qualityを評価するポイント」を具体的に記述する。

	Qualityの評価の視点カテゴリーの例		
A. 戦略適合性	上位戦略に適合するように設計・実行されたか？の視点	K. モニタリング	成果・評価・改善点をモニター・フィードバックできるか？の視点
B. 顧客・受益者満足	受け手側・受益者は満足しているか？の視点	L. 活用・利便性	想定した活用方法・利便性が実現しているか？の視点
C. 全体最適	全体最適が確保されているか？の視点	M. 定量成果実現	財務成果や定量成果の実現に寄与しているか？の視点
D. 実現性の確保	現場の実態を踏まえた実現可能な内容だったか？の視点	N. リスク軽減	経営・事業のリスクの軽減に寄与しているか？の視点
E. 他社優位性・差別化	差別化、ベンチマークを意識して進められたか？の視点	O. 効率性・負荷軽減	効率性向上、負荷増大排除に配慮しているか？の視点
F. 方針・基準整備	方針・基準が明確になるか？の視点	P. 利害関係者への配慮	直接顧客以外の利害関係者にも配慮しているか？の視点
G. 運用	導入後の運用にしっかり配慮しているか？の視点	Q. 状況対応・変化対応	状況・環境の変化への対応に配慮しているか？の視点
H. 合意形成	対象・関連部門との合意形成は十分か？の視点	R.	
I. 横展開・課展開	他部門・課への横展開に配慮されているか？の視点	S.	
J. 継続性・効果持続	効果が持続するように設計しているか？の視点	T. その他	

154

だけでなく、事業部門などにおけるプロジェクトや施策推進などでも活用できるシートとなっています。

3・7　基本方針が明確になっていない場合の対応

先に紹介した定常機能のKPIシートの追加オプションについてです。定常機能の中には、そもそものあるべき姿や狙う姿の水準が、経営方針・部門方針として明確に定まっていないものもあります。何をどこまで高めるかが明確になっていない、または、どこまで経営資源をかけて機能強化や改革を進めるかが決まっていないようなケースです。たとえば、経理部門の業務改革・改善の必要性は認識されていても、どの程度の業務効率化や決算などの早期化を狙うかの検討や合意形成ができていないようなケースです。

基本方針が定まっていないのですから、当然成果KPIの目標達成水準を明確に置くことはできません。他の改革との優先順位が経営レベルで決まっていないようなケースにも同様のことが起こります。

こうした場合には、ムリに成果KPIを設定することはせずに「基本方針自体を明確にすること」を取組みテーマとしました。取組みテーマですから、方針を明確にする事項とその期限を決めておくというものです。

図5・14は、定常機能の概要整理シートにオプションを追加したものです。シートの下部で、この定常機能の基本方針が明確になっているかを確認する形になっています。明確でなければ、基本方針の明確化自体を取組みテーマの1つとして設定し、それに対しての検討計画を設定することにしました。図5・15は、定常機能の1つが「基本方針要明確化」となり、取組みテーマとして追加された状態のものです。

3・8　業務のスリム化指標の設定

定常機能のKPI設定シートのもう1つの追加オプションが業務のスリム化指標です。取組み事例の目的・ねらいは、1つは「管理・間接部門全体の機能強化」ですが、もう1つは「効率性の向上」でした。すべて

第3編 活用場面別KPIマネジメント

図5・14 管理・間接部門のKPI設定シート例（定常機能） 〜基本方針の要明確化〜

定常機能の概況整理シート
対象定常機能名：「人材の募集・採用の実施」

この定常機能が特に強く関連する「管理 間接部門の改革の方向性」は何か？（チェック入れる）（追加可）

改革の方向性
- グローバル展開
- 連結対応
- ● 中長期の視点・持続的成長の視点
- ● 重点分野・戦略分野へのシフト・機能の先鋭化
- 業務のスリム化・効率化・集中化・簡素化
- ● 事業支援機能の強化
- 社員・従業員へのサポート
- ビジネスプロセス革新
- リスク・マネジメント
- 新事業創出の支援

この定常機能の中長期（5年後を想定）のあるべき姿（定性表現）

対象	あるべき姿の実現状態
本体	人材要件に基づく採用プロセスが確立されている状態
関連会社	人材要件に基づくあるべき姿の採用プロセスが関連会社へも展開されている状態

この定常機能が特に強く関連する「今までとこれから」は何か？（チェック入れる）（追加可）

	今まで	これから
	● 企業業績によって変動する人材開発投資	企業経営戦略によって変動する人材開発投資
	● 経営戦略・事業戦略とのリンク弱い（個別対応）	経営戦略・事業戦略とのリンク強化
	調整型人材ローテーション	戦略的人材ローテーション
支援対象	正規社員	年齢・性別・国籍を超えた人材活用を目指し、支援対象をグローバルに拡大
	中期視点	10年先を見据えた視点

この定常機能の直接の顧客は誰か、その顧客から見たこの定常機能への強い期待・価値は何か？（箇条書で記述する）

顧客	顧客からの期待・価値
事業部・部門（海外現法含む）	事業戦略ニーズにあった人材の供給

あるべき姿実現に向けた課題
- ● 雇用形態別の重点領域を明らかにする
- ● 採用人材の「質」基準を再検討し、明確化する
- ● 基幹社員確保のスキーム再構築
- ● 中途採用開始基準のルール化

必要施策
- ● 事業ニーズの収集人員体制（中期人員計画・短期要求）
- ● 募集チャネルの拡大

↑

定常機能遂行のための基本方針策定
- 経営戦略・事業戦略とリンクした採用戦略の策定

↑

明確になっていない場合には、右に「定常機能遂行のための基本方針策定」として定め、「定常機能」、「取組みテーマの洗い出しシート」及び「定常機能のプロセスのKPI設定シート」に転記する。

以上を記述してみて、この定常機能に関する下記の項目は明確になっているか感じたか？（明確になっていない項目にチェック）
- 基本的な方針、改革、改善の方向性
- 現場・現地の現状、実態についての認識
- 将来の展開の対象や突き（事業部・関係会社・海外）
- 目標達成水準
- 当該定常機能の社内における役割・機能分担

図5・15 基本方針の明確化が必要な定常機能への対応

「基本方針の策定」自体を取組みテーマとする

定常機能 (部門が定常的に担っている機能)	● 人員の異動・配置の実施 ● 人材の募集・採用の実施 ● 従業員の能力開発 ● 雇用管理業務の遂行 　→要員管理業務の遂行	定常機能遂行のための基本方針策定 ● 経営戦略・事業戦略とリンクした採用戦略の策定
取組みテーマ (期間限定のプロジェクトテーマ)	● 教育体系の再構築 ● 高齢者の活用方針策定と施策立案実施	

図5・16 業務のスリム化指標

定常機能の定量的成果指標（要はどのような定量成果を実現するか?）			
対象	指標	水準	
		1年後	3年後

業務のスリム化指標			
対象	指標	水準	
		1年後	2年後

この定常機能の業務の中で「重点化・先鋭化する業務」と「スリム化する業務」を列挙してください。

重点化・先鋭化	
スリム化	効率化
	移管(移管先を記述)
	やめる(一時中止含む)

図5・17 取組み事例の全体像(まとめ)

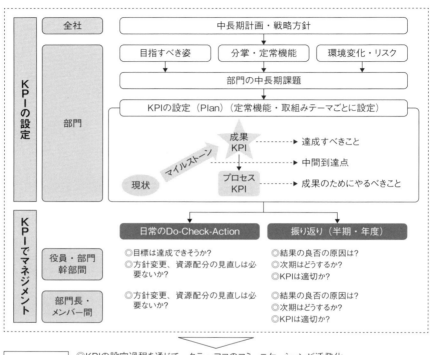

　の業務や機能が効率化対象であったわけではありません。人を増やしてでも強化すべき業務や機能がある一方で、徹底的に業務効率化を進めるべき業務や機能を明確に分けていきました。

　後者の定常機能については、先に紹介した成果KPIに加えて、業務のスリム化・効率化を示す指標自体を並行して検討し、成果KPIと同列の位置づけで目標設定していくことにしました。その際の検討シートが**図5・16**です。スリム化・効率化については、機能強化に先駆けて成果を実現していく必要があるので、目標達成の時期も1年後と2年後を対

象に設定しました。

　以上、管理・間接部門の業務でKPIを設定した取組み事例を、ワークシートとその活用ポイントとともに説明しました。取組み事例の全体像と効果を**図5・17**にまとめています。KPIを設定した後は、KPIを活用した改革・改善の推進に取り組んでいきました。PDCAの「DCA」ないしは「KPIを活用してマネジメントを行う」フェーズです。「DCA」の推進やKPIを用いた振返り活動については、改めて第7章で説明します。

第 6 章
プロジェクト型業務に活用する

1 プロジェクト型業務におけるKPIの考え方

　本章では、プロジェクト型業務におけるKPIの活用の考え方を説明します。プロジェクト型業務は戦略的施策の位置づけで、明確な目的・ゴールのもと、期間限定で組織を編成して行われる活動です。単一部門内でテーマが完結する際にはチームを結成しない場合もありますが、いずれにせよ取り組むテーマ内容が期間限定型（つまり定常ではない）で通常は「仕組みや業務として定常業務に展開されるまでの活動」となります。

　経営レベルでいえば、1980年代にはBPRに代表される業務改革テーマが多くありましたが、最近ではクラウドをはじめとするIT革新もあり、ビジネスモデル自体を変えるというテーマにシフトしています。また、グローバルレベルでの業務の標準化やその仕組みづくり、その土台として必要なダイバーシティ推進活動も増えています。時代の流れとともに、抽象度の高いプロジェクト型業務が増えてきているのです。しかし、KPIを活用して活動の達成度を確認しながらPDCAを回す（＝マネジメントをする）というKPIマネジメントの原理原則は変わりません。

　では、どのような視点でKPIを設定し、活動を管理すればよいのかをプロジェクト型業務の特徴とともに解説します。

1・1　成果KPIの考え方

　成果KPIは、言うまでもなくプロジェクトで創出する成果です。今まで同様の考え方ですが、実際には成果KPIを定義していないプロジェクトをよく見かけます。たとえば、「ナレッジマネジメントの推進」「サプライチェーンの最適化」「新システム構築」「CRMの導入」といったプロジェクトをよく見かけます。これらはすべて「手段」です。このような場合、目的（何を達成したいのか）と手段（どうやって達成したいのか）を混同してしまい、手段の推進こそが成果KPIとなっていることがよくあります。「CRMを導入することで提案力を上げて売上を○％上げる」「新システムを構築することで、バックオフィスの業務スピードを

○％向上する」など、そのプロジェクトで何を達成したいのかを明確にする必要があります。これではじめてプロジェクトの成果KPIが設定できるのです。

　このように「手段」からスタートしてしまった場合、目的や成果KPIをしっかりと討議することには、もう1つの意味があります。目的に対して手段は1つではありません。本当にその手段で達成できるのか、ほかのやり方はないかと、見直す機会となるのです。業務スピードの向上を目指してシステム構築をする際「そもそも業務フローの見直しが先である」という議論に落ち着くことはよくあります。既存の業務フローをシステム化するのでなく、まずフローの見直しをしてからシステム化することで、想像以上の成果をあげることができます。しっかりと目的（何を達成したいのか）を検討し、成果KPIを明確にすることから始めましょう。

　プロジェクト型業務は、期限内に成果KPIを達成することが絶対のミッションであり、そのために定常業務とは別に立ち上がった活動です。よって成果KPIはプロジェクト型業務の立上げ時に決定すると同時に、現状値をしっかりと測定しておくことが理想です。現状値と目標値のギャップによって、手段やゴールまでの道筋（計画）が変わるからです。

　第3章で紹介した「目標の達成度合いを評価する方法」の考え方は、プロジェクト型業務においても変わりません。活動目標を成果KPIとして置いて、その活動におけるCSFを抽出し、プロセスKPIを設定することで、成果KPIの達成度合いを評価することができます。

　一方で、プロジェクト型業務は期限があり、与えられた人員や予算、スコープの管理が重要となります。したがってプロジェクト型業務においては、目標の達成度だけでなく、与えられた条件下で活動の進捗度合いを管理することも重要となります。ここからはもう1つの活動を評価する考え方である、「計画に対する進捗度合いをKPIで評価する方法」を中心に解説します。

1・2 管理すべき3つの要素

図6・1のように、プロジェクト型業務は、3つの要素のバランスを取りながら推進されます。コスト／リソース、期限、スコープの3つです。コスト／リソースとは、プロジェクトにかけられる予算や人員数などを指します。期限とは、求められる品質で成果を出すまでの期限、そしてスコープとは、活動対象や創出する成果物の範囲を指します。

「半年後に顧客接点業務（顧客サービス窓口、クレーム窓口）の回答スピードを20％向上する」という活動目標があるとします。ところが、活動の体制（リソース）が十分に確保できず、計画の目標達成が難しいことが判明しました。そこで追加リソースの投入を目指すわけですが、制約条件があって変更ができないとすると、他の2つの要素、つまり期限かスコープを変更することでバランスを取ります。そのうち活動期限が変更できないのであれば、まずは1つの窓口を対象に活動を展開するという選択肢が生まれます。活動対象の縮小に伴い、成果物も縮小となり、まさに「スコープを縮小」した状態となります。もし2つの窓口に対する顧客接点業務の効率化が譲れないのならば、活動期限の延長がもう1つの選択肢となります。

このように、プロジェクト型業務は、常にコスト／リソース、期限、スコープの3つの要素と、その制約条件のバランスを見て管理します。つまり、この3つの要素をコントロールすることこそが、プロジェクト型業務の進捗度合いを管理する際の重要成功要因となるのです。

3つの要素すべてに制約があってバランスが保てなくなったときは、

図6・1 プロジェクト型業務の3つの要素

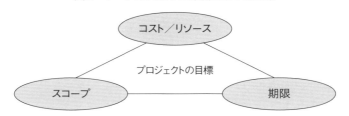

最終的には活動目標を変更する必要が出てきます。上記の例でいえば、たとえば「半年後に顧客接点業務（顧客サービス窓口、クレーム窓口）の回答スピード10%向上する」という形です。しかしこれでは、定常業務でCSFを満たすことができず、成果KPIが達成できないケースと同じです。達成できないからといって安易にプロジェクトの目標を変更するのは本末転倒ですから、通常は途中でバランスが保てなくならないように、綿密に活動を設計します。「計画段階で活動の成功の９割が決まる」というルールは、プロジェクト型業務でも同じなのです。

図6・2は、とくにプロジェクト型業務において活用する設計書です。ここでとくに押さえておきたい点は、活動の目的と背景、前提条件、達成目標、期限、そして体制と投入工数（リソース）です。目的と背景は、なぜこの活動が必要なのかという経営目標や戦略マップで描かれたストーリーの部分です。そして展開対象（スコープ）を含む前提条件、達成目標、期限、リソースで、管理すべき３つの要素を確認します。このような設計書は、活動が始まる前に具体化し、活動のオーナーと合意することが理想です。既に述べたとおり、昨今は風土改革や働き方改革など抽象度が高い活動も増えていることから、最初に具体的に設定していたとしても、活動の推進中に内容が変更されることもあります。その際には、変更内容を随時オーナーと合意しておきましょう。常に成果KPIと３つの要素を明確にして、軸がぶれないようにしておくことが重要です。

2 KPIを活用した活動の評価

2・1　プロジェクト型業務における活動の評価①

前述のように、プロジェクト型業務では、コスト／リソースや、期限、スコープの３つの要素の管理こそが重要成功要因であり、それらが変動しないように、当初の計画に沿って活動します。

プロジェクトの計画は、通常**図6・3**のようなWBS（Work Breakdown

図6・2 プロジェクト型業務の設計書

```
┌─────────────────────────────────────────────────────────┐
│                                              活動設計書  │
├─────────────────────────────────────────────────────────┤
│ 取組みテーマ │                                           │
│ 担当部門    │              │ 作成・更新者 │              │
└─────────────────────────────────────────────────────────┘
```

■ 取組みテーマ概要

　　　本取組みテーマの目的・狙い（必要性が認識された背景）

　　　取組みテーマの目的・狙いが達成された状態（定性）

■ 実行計画（概要）

　　　　　　　重要マイルストーン・重要実行項目

■ 実行体制

	指名（部署）	主な役割
リーダー		
メンバー		
メンバー		

Structure) に落とされます。WBSとは、プロジェクトの目標を達成するための活動とその流れ、必要な工数や担当者、成果物が整理されているプロジェクトの計画書です。活動の進捗度の評価は、WBSをベースに、どのような活動が実施される予定（計画）で実際に何が終了したのか（実績）を見ていきます。つまりこの進捗率こそがプロセスKPIとなるのです。

　プロジェクト型業務でも、プロセスKPI（進捗率）を定常業務同様の

			課題領域			取組みテーマID		
			バージョンNO			最終更新日		

	本取組みテーマの前提条件（対象の組織・業務・プロセスなど）

	達成目標	達成水準			
		20XX年	20XX年	20XX年	20XX年

20XX年				20XX年				20XX年		20XX年	
1Q	2Q	3Q	4Q	1Q	2Q	3Q	4Q	上期	下期	上期	下期

	投入時間（平均時間／月）			
	20XX年	20XX年	20XX年	20XX年

GYRで評価できます。プロセスKPIの水準値は企業や活動内容によってさまざまで一概には言えませんが、一般的な評価方法は、以下のようになります。

Green（G）：進捗率100％以上、予定どおりに終了見込み

Yellow（Y）：進捗率90％以上100％未満、スケジュール遅れだが対応策があり、予定どおりの終了見込み

Red（R）：進捗率90％未満、スケジュール遅れで、目標達成が困難（コ

第3編 活用場面別KPIマネジメント

図6・3 プロジェクト型業務をWBSに落とした例

	担当	サブ担当	×月 20	21	22	23	24	25	26	27	28	29	30	1	2	3	4	5	6	7	8
PJ全体打合わせ					●														●		
ステアリングコミッティ（運営委員会）					●																
WEEKLY 打合わせ									☆							☆					
PEST分析	××	○○			○											◎					
マクロシナリオ設定、Pros-Cons(賛否)マップ	××	○○							○												
市場規模、需要データ	××	○○							○												
競合他社、業界構造分析	××	○○							○												
現状のバリューカーブ分析	××	○○																			
一般の商流整理	××	○○																			
顕在顧客セグメント分析	××	○○																			
狙う顧客・市場確定	××	○○																			
提供価値（ビジネスモデル）明確化	××	○○																			
差異化ポイントの明確化	××	○○																			
・・・																					
・・・																					

スト／リソース、スコープ、期限のいずれかを変更する必要がある）

一方、進捗率を活用する際には注意点もあります。まず、進捗率を測定する期間です。1ヵ月間（4週間）で100の作業があり、作業数が1週目に50、2週目に25、3週目に20、4週目に5だとします。1週目に50が終わった時点で進捗率は100％、2週目に20しか終わらなかったら2週目は80％になり、GYRで2週目はRということになります。ただし、2週目までの期間で進捗率をみると93.3％となり、評価はYとなります。このように測定する期間によって評価が変わるため、事前に測定のルールを定めておきましょう。

2つめの注意点は、進捗率の測定方法です。プロジェクト型業務では、活動の特性がフェーズ（時間軸）によっても変わり、その中身も多

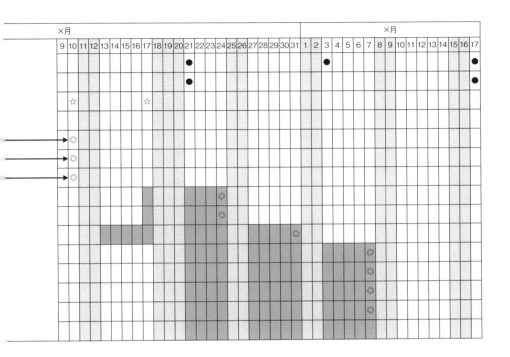

岐にわたります。たとえばシステム構築プロジェクトの例で考えて見ます。立ち上がりフェーズの活動は、方針策定や構想策定などがメインで、成果物も企画書類が多くなります。また、このフェーズで活動自体を形づくるため、事前に活動数を決めるのが難しいこともあります。この場合は第3章で説明したとおり、企画書作成の過程を段階に分けて測定するという方法が有効となります。Level 1は企画書の目次、構成の決定、Level 2は作成完了、Level 3は部内レビューの完了、Level 4はステアリングコミッティ（運営委員会）承認という形です。これにより、進捗度の評価が可能になります。一方で開発フェーズに移行すると、成果物はシステムそのものとなり、開発テストの項目数など定量的に作業数などで進捗率を測定することが可能になります。このように、活動のフェーズや作業内容によって、進捗度合いの測定方法が変わるの

で、業務の進捗度を一律の指標で見るのは困難です。従って、事前に各フェーズでどう測定するかを決めておきましょう。

2・2　プロジェクト型業務における活動の評価②

さらに先進的な進捗管理手法として、EVM（Earned Value Management）をご紹介します。EVMは、もともとアメリカの国防総省で整理された考え方で、日本でも経済産業省などが取り入れています。同じく3つの要素を重要成功要因と捉え、プロセスKPIで現状を把握しながら、目標の達成「見込み」を評価します。EVMにおけるKPIは、以下のように設定されています。

- 完了までの予算（BAC/Budget At Completion）：プロジェクトが完了するまでの総コストで、成果KPIにあたります。
- 出来高計画値（PV/Planned Value）：計画時に、各作業に割り当てられたコストで、プロセスKPIの目標値にあたります。
- コスト実績値（AC/Actual Cost）：実際に完了した作業にかかったコストで、プロセスKPIの実績値となります。
- 出来高実績値（EV/Earned Value）：実際に完了した作業に対して、本来割り当てられていたコストです。

たとえば、ある担当者が毎日1つの企画書を5日間で5つ作成する計画があるとします。担当者が実際に作業を始めたところ、3日目終了時点で2つしか企画書が完成されていませんでした。この場合、出来高計画値は3人日、コスト実績値は3人日、出来高実績値は2人日となります。3日間かけたにも関わらず、2人日分の価値しか生み出していないと評価されるわけです。この考え方によって、計画と実績の差異、実際のコスト面の差異を把握でき、最終的な達成度の見込みが予測できます。図6・4は、コストとスケジュールで表していますが、これを応用して軸を変更すれば、3つの要素の関係を示すこともでき、実に有効です。

EVMはスケジュールだけにとどまらず、出来高やコストも合わせて評価できるので、評価の高い進捗管理方法です。また、出来高を測定す

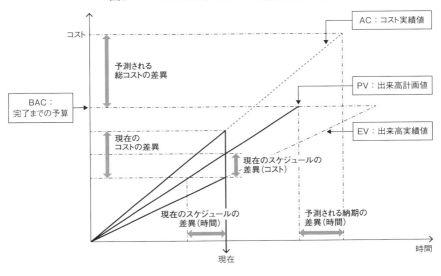

図6・4 コストとスケジュールで表したイメージ

るKPIを設けることで、組織をまたがる活動や、内容・フェーズに関わらず、プロジェクト全体を1つのモノサシで評価できるようになります。このような有効性もあり、経済産業省が推進する情報システム開発のプロジェクトマネジメントでは、EVMの活用がガイドラインにまとめられています。

EVMは優れた手法である一方、その有効性はプロジェクトのスコープやリソースの見積りの正確性などに依存します。そこで、目的や要件が明確に合意できておらず、3つの要素の変更が大きいプロジェクトで活用するには、運用に手間がかかるという欠点もあります。活用する際には十分な検討が必要です。

3 先行管理としてのリスク管理

プロジェクト型業務において、成功の見込みを確認する上で、もう1つ管理すべき重要成功要因があります。それがプロジェクトリスクで

図6・5 リスク管理表の例

想定されるリスク	リスクが起こる要因	リスク評価		
		発生の可能性 （1、3、5）	重大性 （1、3、5）	総合評価 （可能性×重大性）
データが集まらない	目的が理解されていない	1	5	5
	作業を忘れられている	3	3	9

す。リスクとは将来起こりうる問題で、これらを事前に予測して対策を準備することで、進捗率や3つの要素のバランスを維持します。

リスクは、一般的に図6・5のようなリスク管理表で管理します。「想定されるリスク」は、思いついたときに書き入れることを意識しましょう。とくに、潜在的にプロジェクトメンバーが感じる不安を常に見える化できるようにしておくことが大切です。

洗い出されたリスクは「起こりうる事象」ですから、問題（事象）の要因分析と同様、要因をふまえて発生を防ぎます。リスクは、発生の可能性と発生したときのインパクト＝重大性で評価し、対応するための優先順位を付けます。優先順位の高いリスクから順番に、リスク発生を防ぐための予防策、問題が発生した際の対応策を検討しておきます。それぞれの予防策、対応策を担う担当者と実行期限を決めWBSへ反映すれば、リスク自体の発生確率の低減や問題発生時にスピーディな対応が打てるようになります。

リスク管理は、ゴールに対してコスト／リソース、期限、スコープの3つを守るために行います。逆に言うと、リスクさえ管理しておけば、プロジェクト型業務は目標を達成できるようになるはずなのです。

	予防策 (リスク発生前)	対応策 (リスク発生時)	期限	担当者
	作業手順書に目的を記述する 上司から落としてもらう	・・・	×月×日 ×月×日	×× ××
	・・・	直接データを催促する	×月×日	××

4 プロジェクト型業務における進捗確認

　プロジェクト型業務においても、状況を共有するためのフォーマットや場を決めておく必要がありますが、基本的な考え方は定常業務をPDCAで回すのと同様です。図6・6はプロジェクト活動を管理するための進捗管理フォーマットの例、図6・7は運用フローの例です。定常業務同様、G/Y/Rの判断と、とくにYやRだったときの要因分析をしっかりと行うことで、次の活動へ繋げます。

　ここまで、プロジェクト型業務をKPIで管理するポイントを整理してきました。どのような考え方で進捗度を管理するかはプロジェクトの特性などにより判断が必要です。基本的には進捗度をプロセスKPIとして設定し、活動の目標をコスト／リソース、期限、スコープとともに管理すること、さらにリスクを事前に管理していくことが、プロジェクト型業務で期限内に与えられたゴールを達成させる原理原則となります。

図6・6 進捗管理フォーマットの例

図6・7 運用フローの例

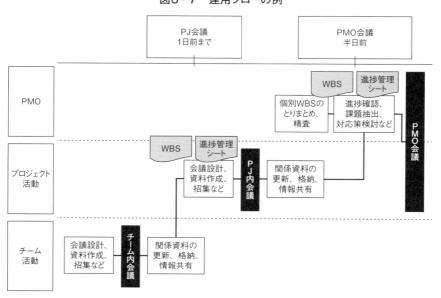

第7章
KPIマネジメントが形骸化しないために

さまざまな改革活動の推進や、制度・仕組みの導入において、「企画・導入までの掛け声はよくても、その後の浸透・定着活動がうまくいかない」というケースは枚挙にいとまがありません。各社のお話をうかがうと、KPIマネジメントでは、導入よりもむしろ浸透・定着活動に腐心されているようです。

本章は、本書の最終章として、KPIマネジメントの取組みが形骸化しないようにするための、そして当初意図した効果を着実に実現するためのポイントを整理します。

1 なぜ形骸化するのか

最初に、KPIマネジメントが形骸化してしまう典型的なケース・パターンを整理します。

1・1 結果だけを見てしまう

典型例の1つめは、結果だけに目がいってしまい、プロセスの管理や先手管理を怠ってしまうケースです。本書でいえば、成果KPIの結果だけに着目してしまい、プロセスKPIを軽視してしまうケースです。

すでに述べたとおり、KPIマネジメントにおける重要ポイントの1つはプロセスへの着目です。成果を達成するための重要成功要因こそが管理されるべきであり、そのために重要成功要因とリンクしたプロセスKPIを検討・設定すると述べました。

一方、KPIマネジメントの実行段階で成果KPIだけを追いかけてしまうと「結局のところ、今回導入したKPIマネジメントは単に結果を見える化するだけの仕組みである」との認識が組織内に広がってしまいます。結果の良し悪しは、プレーヤーである部門の管理者や現場のメンバーが日々認識しています。結果を見るための仕組みではなく、結果を良くするための仕組みとして運用していかなければ、すぐに形骸化の道をたどることになります。

1・2 リーダー・管理者が活用しない

次に、リーダー・管理者が活用しないという点が挙げられます。部門長やマネジャーが時間とエネルギーを投入して設定したKPIを、いざ実行の段階になると、まったく見ない・活用しないというケースです。当然ながら、それでは仕組みとしてのKPIマネジメントは浸透・定着しません。第一線の管理者が、KPIをマネジメントを基本ツール・基本手段として日々当たり前のように活用することが大切です。定期的な打合わせや状況報告にKPIを用いるなど、経営幹部からの働きかけも重要です。

図7・1は、KPIマネジメントに取り組んでいる企業における管理者向けの運用マニュアルからの抜粋です。日常のマネジメントの中でリーダー・管理者がKPIをさまざまな場面で「使う」ことの重要性を示しています。

図7・1 運用マニュアルの抜粋

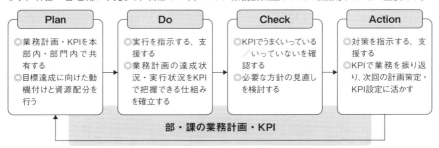

1・3　アクションレベルへの落とし込みが不十分

　形骸化に陥る典型例として、アクションレベルへの落とし込みが不十分なケースが挙げられます。第1章の図1・2を再度見てみましょう。

図1・2　KPIマネジメントの主な構成要素

KPI（総称の呼び名）
KPI = Key Performance Indicator

成果KPI／目標指標（KGI）
（KGI = Key Goal Indicator）
業務・活動の目標に対する成果指標と目標値

プロセスKPI／管理指標（KPI）
（KPI = Key Performance Indicator）
目標達成のため重要となるCSFに対する管理指標と管理基準値

アクションアイテム
KPIを達成するために取るべきアクションとその期限

重要成功要因
（CSF = Critical Success Factor）
成果KPIを達成するに当たり、決定的な影響を与える活動や施策

　設定した成果KPI・プロセスKPIを踏まえて、具体的なアクションアイテム（KPI達成のために取るべきアクションとその期限）を設定します。達成すべきこと、高めるべきことを指標として設定した後の実行計画です。指標の設定に留まってしまい、具体的なアクションアイテムにまでの展開を怠ってしまうのが、形骸化する典型的なケースの1つです。

　アクションアイテムを具体化する際に使用するフォーマットは、各社が使っている目標管理やアクション管理の帳票でかまいません。おそらくそこでは、担当者・実施項目・期限・連携部門などが明確になっているでしょう。大切なのは、成果KPI・プロセスKPIをもとにしてアクションを具体化することです。

　目標管理やアクション管理自体の運用がマンネリ化・形骸化しているケースでは、KPIとリンクさせるという位置づけを明確にすることで、目標管理やアクション管理の活動自体を再度強化・活性化することがで

きます。

1・4　振返りの活動を行わない

最後に、振返りの活動を怠るという点が挙げられます。KPIの設定は、PDCAにおける「P（Plan）」ですから、その後の「DCA」の活動が必要です。「DCA」のうち、アクションアイテムの実行管理は、日常のマネジメント活動として行われます。

日常業務では、当初想定したことが実行できない、思ったような成果・効果が出ない、さらに、見込みが外れてその見直しが必要だというケースもあります。それら一連の活動状況と結果を一定期間ごとに振り返り、必要な見直しをしなければなりませんが、その活動を怠っているケースは多いものです。

振返りをしないと、成果KPIの水準の妥当性、重要成功要因やプロセスKPIの妥当性などを見直す機会が持てません。これでは次年度も、そのまま現在の成果KPI・プロセスKPIを踏襲してしまう形になりがちです。これが1、2年と続くと、KPIそのものが実状と乖離したものになり、形骸化への道を進み始めることになります。振返りの活動こそが、KPIマネジメントを形骸化させないための最大の重要成功要因です。

以上、KPIマネジメントが形骸化に陥る4つの典型例を挙げました。実際には、要因のいずれか単独ではなく、いくつかの要因が組み合わさって形骸化が進んでいきます。「形骸化の要因となる事象がいくつか発生し、結果としてKPIを用いるメリットを感じられなくなる」という形で徐々に形骸化の道を進んでいくという流れが多いように感じます。

2　形骸化していない会社はどうしているか

では、形骸化することなく、長期間にわたりKPIを活用できている企業はどうしているのでしょうか。形骸化の要因の裏返しになりますが、

いくつかの共通点を整理します。

2・1 振返り活動を実施している

形骸化させない最大の重要成功要因として、しっかりと振返り活動を行うことが挙げられます。本章の最後にその進め方を説明します。

2・2 日常の課題解決に用いる

KPIを日常の課題解決に用いるという点を挙げることができます。

KPIは「目標の達成状況や見込みを把握する（成果KPI）」「行うべきことができているかを把握する（プロセスKPI）」ためにあるのであり、単にKPIを見ているだけでは不十分です。KPIマネジメントが活発な企業においては、KPIを用いて業務上の課題解決に取り組んでいます（**図7・2**）。

もちろん、適切なKPIの設定が前提となりますが、見える化だけで終わらせるのでなく「いま行っている課題解決・業務改善をKPIで確認する」「これから取り組む課題解決・業務解決をKPIで表現・設定する」という流れが大切です。それにより、管理者や現場にとってKPIの活用

図7・2　課題解決のためのKPIを活用する

状況把握だけではなく、原因・問題の特定や対策の検討・実施と効果確認にKPIを用いる

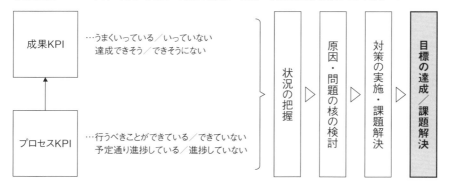

が意義あるものとなり、活用効果が実感できるようになります。

2・3　運用・活用の考え方を浸透させるための取組み

　KPIマネジメントの運用・活用の考え方を運用マニュアルなどの文字情報として明文化している点も挙げられます。運用マニュアルなどの説明や教育を通じて、KPIマネジメントを組織内に伝達・浸透させていく取組みです。

　制度や仕組みの導入に際しては、導入すること自体や、導入時に作成・整理する成果物に目がいきがちです。KPIマネジメントでいえば、KPI設定関連の各種シートやKPIの設定結果です。しかし、浸透・定着の観点からは、導入後に、その意図や考え方を継続的に認知させ続ける働きかけが大切です。「魂」をいかに浸透させるかです。時間の経過とともに、目的・狙いの伝達度合いは「減価償却」されていきがちです。それを避けるために各社が取り組んでいるのが、運用マニュアルなどの整備・活用です。

　運用マニュアルの目次項目の例を図7・3に示します。KPI設定のための視点も大切ですが、右側にある活用（定着・浸透）の考え方が、長期にわたる活動においては重要です。定型的に盛り込むべき内容もありますが、自社における経営管理やPDCAにおける課題、大切にしたい考え方などを、活用の進め方・重要視点に盛り込んでいく形が望ましいでしょう。組織としてのメッセージを明確にしておくことが、形骸化を避けることに繋がります。

2・4　見える化の仕組み

　最後に、見える化の仕組みを挙げます。第3章でもふれましたが、設定したKPIの達成・進捗状況などを、システムなどのツールで見える化・共有化していくことです。これは必須の要素ではありませんが、以下のような点から一定の効果があります。

　1つめは、運用そのものを簡便化するという点です。取組みの目的や

図7・3 運用マニュアルの目次例

```
Ⅰ．KPI設定の進め方と重要視点
  ●KPI設定の一般的な手順
  ●KPI設定の準備作業
  ●KPIを設定する対象の検討方法
  ●成果KPIの設定
  ●成果KPIを考える際の視点・ヒント
  ●成果KPIの目標達成水準とチェックポイント
  ●プロセスKPIの設定
  ●プロセスKPIを設定する際の視点例
  ●KPIの部門内展開
  ●KPI設定のチェックリスト
  （補）
  ●KPIマネジメントのためのシステムツールと活用法

Ⅱ．KPI活用（定着・浸透）の進め方と重要視点
  ●KPIを活用したマネジメントの考え方
  ●上位のKPIを共有する
  ●KPIでPDCAを回す
  ●課題解決のためにKPIを活用する
  ●KPIでタテ・ヨコのコミュニケーションを強化する　　　　など
  ●KPIマネジメントの振返り活動
    ◎KPIの活用状況の確認
    ◎KPIの見直しの進め方・チェックポイント
    ◎次年度の計画策定に活かす
    ◎自部門の課題、他部門への依頼を整理する　　　　など
  ●KPIの活用方法をレベルアップしていく
  ●良い例から学ぶ
    ◎他社での取組み好事例
    ◎当社での取組み好事例
```

企業規模にもよりますが、成果KPI・プロセスKPIを全社・事業部・部という形で展開していくと、KPI自体がかなりの数にのぼります。もちろん管理目的に応じて、各階層で管理するKPIを特定するので、全員がすべてを見る必要はありません。しかし、全体を1つのツールで整理・蓄積していくことで、KPIの設定・更新、達成・実行状況の確認などを簡便に行えるようになるというメリットがあります。また、システムツールの機能によっては、KPIの状況に応じて、上司・部下間のコミュニケーション（アクションの指示・返信、状況確認など）にも役立ちます。自社の社内コミュニケーションの特徴や課題に応じて、システムツールを活用しましょう。

　もう1つは、見える化によって、KPIマネジメントの活動全体を組織

図7・4 KPIマネジメントのための3つの基本ツール（取組み企業例）

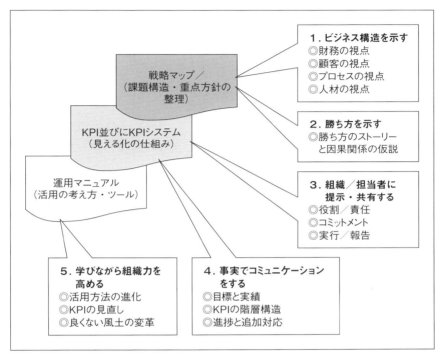

的に盛り上げるという効果があります。達成・進捗状況を見える化することで、他部門の取組み状況が共有化され、相互の刺激になります。また、達成・進捗状況に応じて、部門内・部門間で対応すべき事項などがよりタイムリーに認識されるという効果もあります。

これらの効果は、システムツールをしっかり活用することが前提なので、システムツールを導入するだけで得られる効果ではありませんが、KPIマネジメントの推進を側面支援するものではあります。

パッケージソフトを使用したり、エクセルなどを自社で加工するなど、見える化の方法・手段はさまざまです。図7・4は、ある企業でKPIマネジメントの3つの基本ツールを設定したものです。KPIそのものとともに、KPIシステムによる見える化が基本ツールとして位置づけ

られています。この企業では「事実でコミュニケーションする」という点を重視して、見える化のためのツールを選定・導入しました。先ほど述べた運用マニュアルも基本ツールの1つとなっています。

3 振返り活動の進め方とポイント

最後に、KPIマネジメントを形骸化させないための最大の重要成功要因ともいうべき、振返りの活動の進め方とポイントを整理します。

3・1 実施タイミング

振返りのタイミングについては、とくにこうあるべきというものはありません。各社の事業特性や経営管理の特徴に依存しますが、一般的には半期ないし年度ごとに振返りの活動を入れるケースが多いようです。半期で振り返るとともに、次の半期（下期など）の目標や活動方針・KPIの見直しを行うというものです。

中には、ビジネスサイクルの特徴から、四半期ごとに振返り活動をする企業もあります。その場合、第1・第3四半期の振返りは、主に成果KPIの達成状況の確認と次の四半期の対応方針や目標水準の変更点の確認として行われるケースが多いようです。四半期ごとに振返りを行っている企業においても、KPIそのものの見直しは、半期ないし年度単位で行われるケースが多くなっています。

取組み当初は半期ごとに振返りをしていても、KPIの考え方の浸透度合い、KPI自体の変更の必要性などに応じて、徐々に年度単位に変更していった企業もあります。第5章で紹介した取組み事例の企業（図5・17）では、最初の2年間は半年ごと、3年目以降は年度単位で振返り活動を行いました。

3・2 何を振り返るか（部門レベル）

何を振り返るかについては、まず実際に業務を行う部門レベル（部

門・部・課など）で整理しましょう。振返りシートは部門ごとに作成するケースが多くなっています。部門の管理職やキーパーソンが以下の要素を整理しながら作成します。

（1）KPIの達成・実行状況に関連する事項
- 成果KPIの達成状況ないし見込みとその主な要因
- プロセスKPIの実行・達成状況とその主な要因
- KPIを活用したマネジメント活動についての実施状況（PDCAでの活用、目標管理などでの活用、上司・部下コミュニケーションなど）

（2）活動を通じて認識した課題など
- 自部門の業務遂行における課題（方針面・リソース面・管理面など）
- 他部門への要望事項・上位組織（事業部・経営）への要望事項
- 新たに取組みテーマや部門間連携テーマとして検討が必要な事項

（3）次期以降のKPIについて、見直しが必要な事項とその要因
- 次期以降の業務推進に関する基本方針や前提事項
- 成果KPIの指標ないし水準
- 重要成功要因などプロセスKPI設定の前提・仮説としていた事項
- プロセスKPIの指標ないし水準

　KPIの達成・実行状況については、一般に何かしらの表記基準を設けます。たとえば、成果KPIの達成状況・見込みについては信号表記（Green：達成、Yellow：一部未達成ないし条件付き達成など、Red：未達成）、プロセスKPIの実行状況・達成状況については記号表記（○：実行、△：一部未実行、×：未実行、N/A：該当なし）などです。

　また、振返り活動では、成果KPIの達成状況とプロセスKPIの実行・達成状況を組み合わせてみることも重要です。たとえば、成果KPIがGreen、プロセスKPIが○の場合は良いケースですから、成果KPIの目標水準が妥当だったか、新たに重要成功要因として認識したことはないか（次期以降のプロセスKPI候補）という視点で振り返ります。

　成果KPIはGreenでも、プロセスKPIが△ないしは×である場合には、成果KPIに対するプロセスKPIの妥当性を考える必要があります。つま

り、本当にそれがプロセスKPIでよいのかという視点です。不必要なプロセスKPIがないか、逆に必要なプロセスKPIが漏れていないかを検討します。

また、成果KPIはYellowないしはRedであるのに、プロセスKPIが○の場合には、同様に成果KPIに対するプロセスKPIの妥当性を考えます。成果と関係ないものがプロセスKPIに設定されていないかという視点などです。成果KPIの目標水準が妥当だったかという視点でも検討します。

成果KPIとプロセスKPIは、もともと「成果を達成するためにプロセスを管理する」という考え方からきているのですから、振返りでもその関連を確認します。

KPIの達成・未達成の要因について過去の例からある程度整理できる場合は、いくつかの典型要因を準備しておいて、そこからの選択形式で記述するような形を取ると、後の分析や対応方針の検討において有用です。たとえば、以下のような要因区分が考えられます。

図7・5　振返り活動におけるセルフチェックの視点（参考例）

○**KPIの設計と計画策定**
- □ 戦略・目標の展開と重要成功要因の整理
- □ KPI（指標）の具体性、把握・測定可能性
- □ KPI（水準）の妥当性・現実性
- □ アクションアイテムの具体化
- □ リソースの裏付け
- □ その他

○**KPIの運用と定着・改善**
- □ KPIによるマネジメント活動の推進リード
- □ 部門内での浸透・定着活動
- □ KPIマネジメント推進を通じた認識した課題のトスアップ
- □ KPIの見直し・ブラッシュアップ（視点はKPIの設計と計画策定と同様）
- □ その他

□の項目ごとに3～5程度のセルフチェックの視点を準備

- リソースの量不足(人員・予算など)
- リソースの質の課題(スキル・ノウハウ不足、スキル・ノウハウの未整理など)
- 自社としての方針の変化
- マネジメント・経営管理
- 外部環境(環境・顧客・競合など)の変化
- その他

　ここで紹介した振返り活動のチェックポイントを、部門の管理者向けのセルフチェックシートとして整理している企業もあります(図7・5)。

3・3　振返り活動で持つべき大切な考え方

　一部重複する点もありますが、振返り活動の全体を通じて持っておくべき大切な考え方があります。それは、KPIの設定内容・活用方法などを「常に進化させる」という考え方を持つことです。

　KPIマネジメントに新たに取り組む場合、必ずしも最初から満点の状態でスタートできるものではありません。成果や活動を指標化するのは、最初は戸惑いもあるでしょう。だからといって尻込みする必要はありません。取組みの中でどんどん前向きに見直していくという考え方が大切です。

　目的や狙いの軸がぶれないようにしながらも、指標の設定やマネジメントでの活用方法は、自社に適した形に進化・ブラッシュアップしていきます。その意味からも振返り活動は非常に大切です。

　図7・6は、ある企業のKPIマネジメントの運用マニュアルからの抜粋です。部門の管理職とその上席者に対して、進化・ブラシュアップの視点を提示しました。

　こうした活動を通じて、組織のマネジメント力が向上します。短期ではなく、中長期の組織力向上に寄与するので、競合企業に対しての組織的優位性を構築・維持する上でもたいへん重要です。

図7・6　進化の視点

KPIの活用方法・運用方法については、「常に進化させていく」ことが必要です

```
┌─────────── 進化・ブラッシュアップさせていってほしいこと ───────────┐
│                                                                │
│ ◎KPIそのものの妥当性 ········ 成果KPI、プロセスKPIとして妥当な指標が設定できている │
│                            か？                                │
│ ◎KPIの達成水準の妥当性 ····· 適切な目標設定水準となっているか？　など        │
│ ◎重要成功要因・重要業務等 ·· 成果KPI達成のための真の成功要因・管理要因が明確に  │
│                            なっているか？                        │
│ ◎PDCAでの活用方法 ········· KPIを有効に活用できているか？　よりよい活用方法はないか？ │
│ ◎組織内コミュニケーション ····· 組織内コミュニケーション（上司・部下）（部門間）でのよ │
│                            り良い活用方法はないか？                │
│ ◎KPI設定プロセス ············ 部門の戦略検討・課題整理・目標設定の進め方に改善点 │
│                            はないか？　KPIを設定する際のやりとり（本社・部門・現 │
│                            場など）に見直すべき点はないか？          │
│                                                                │
└────────────────────────────────────────────────────────────────┘
```

図表7・7　振返り活動の結果を活かす

```
┌──────────────────── 振返り活動の結果の活用 ────────────────────┐
│                                                              │
│              ┌──────── 振返りの代表的な視点 ────────┐           │
│              │ ○やるべきことはできているか？          │           │
│              │ ○やるべきことができていない理由は何か？ │           │
│              │  （実行上の難所、本社への要望など）     │           │
│              │ ○成果はあがっているか？        など    │           │
│              └───────────┬──────────┬─────────────┘           │
│                      ↙              ↘                         │
│  ┌── 部門・現場へのフィードバック ──┐  ┌── 経営幹部へのフィードバック ──┐ │
│  │ ◎次期計画策定上のポイント（KPI設 │  │ ◎共通の難所と対応策          │ │
│  │  定、強化すべき活動・施策）      │  │ ◎成果との関連性と施策見直しの方向 │ │
│  │ ◎現場の個別事情と対応策         │  │  性                        │ │
│  │ ◎他拠点の好事例・取組み         │  │ ◎経営レベルの検討事項（体制・仕 │ │
│  │                              │  │  組・方針決定等）             │ │
│  │                              │  │ ◎現場の個別事情の共有         │ │
│  └──────────────────────────────┘  └──────────────────────────┘ │
└──────────────────────────────────────────────────────────────┘
```

3・4　振返り活動の結果を活かす（部門・現場レベル）

　振返りの結果をどのように活かしていくかも非常に大切です。単に振返り活動を行うだけでなく、それを成果向上や組織力強化につなげるための組織的な取組みが必要です。活用の方向性としては、部門・現場レベルと経営レベルに分けて考えます。

　図7・7は、振返り活動の結果を、部門・現場や経営幹部に向けてどう活用するかという例です。1つは、振返り活動の結果を踏まえて、次期の計画策定に活かすという点です。具体的には、成果KPI・プロセスKPIを中心とする目標設定や、強化すべき活動や施策の検討です。これは、振返り活動の結果から直接的に導かれる改善事項です。

　次に、部門・現場の個別事情とその対応策の検討に活かすという点です。これは振返り活動によって明らかになった部門・現場の課題にどう対応するかです。取り組みたくてもできなかった、取り組んだのに成果が上がらなかったという場合は、個々のメンバーのスキルや、管理職層を中心とするマネジメントに課題があると想定されます。その要因に対して、まずは部門・現場レベルで改善アクションを起こします。営業ならば、よい成果を出している拠点の取組みを共有して改善に活かしていくことも考えられます。他の拠点のKPIや重要成功要因を参考にして進めるのもよいでしょう。

3・5　振返り活動の結果を活かす（経営レベル）

　経営レベルでは、部門・現場レベルの認識事項を踏まえて、より組織的な対処・対応策を検討する形になります。たとえば「複数の拠点で新規開拓営業をしたが成果が出ない」というケースでは、要因は営業担当のスキル面、営業ツールやその訴求力の不足、マーケティング施策の不足、競合の営業施策などが考えられます。いわば、会社として共通の「難所」です。

　こうした場合、部門・現場レベルとは別に、会社としての対応策を検討するべきでしょう。たとえば、営業企画・経営企画部門などが経営幹

部に施策を起案することが必要かもしれません。共通の「難所」への取組み自体を次年度のプロセスKPIとし、その成果・効果をKPIとして共通的に設定することもできます。

また、これまでの活動を整理して次年度に活かすことも、経営レベルでは重要です。KPIを活用して実行状況と成果を整理することで、効果を単に感覚的に捉えるのではなく、定量的なデータとして整理することができます。「取り組むことができたものは何で、どのような効果が出たのか」「取組みは行ったが、成果に繋がらなかったものは何か」などです。定量データに基づいた検討なので、施策の見直し、起案について納得感を醸成させながら進めることができます。

さらに、経営レベルでは、部門・現場レベルの振返り結果をもとに、組織体制の見直し、制度・ルール変更の必要性などを検討していきましょう。業績評価の制度・ルールの問題などは、全社・経営幹部レベルの判断事項です。

このように、部門・現場レベルの振返り結果を組織的な施策として昇華させていくことが大切です。KPIマネジメントのような全社的なマネジメント活動では、こうした組織的効果の実現を企図して全体の活動を設計すべきです。その面からも、振返りの活動の位置づけは非常に重要です。

3・6 KPIマネジメントスキル強化のための教育研修の活用

最後に、教育研修の活用を紹介します。KPIマネジメントの取組みは、指標としてのKPIを設定する場面に1つの難所があります。そこでKPIの設定・活用に精通したコンサルタントなどによる教育研修が行われてきました。

一方、もう1つの難所が、KPIマネジメントの浸透・定着です。KPIの体系やワークシートなどの枠組みそのものよりも、KPIをいかに活用し続けるかという点です。そこで、KPIの活用局面におけるスキル強化の必要性が認識されてきました。

図7・8は、KPIの導入時・活用時の研修メニュー例です。活用振返り研修は、KPIマネジメントの導入から1、2年程度の期間で、半期ないし年度ごとの振返りのタイミングで実施するのが一般的です。研修を通じて、取組みの意図の浸透とともに、KPIの見直しやKPIを活用したマネジメント活動を進める上で求められるスキルの強化を図っています。

図7・8 教育研修メニューの例

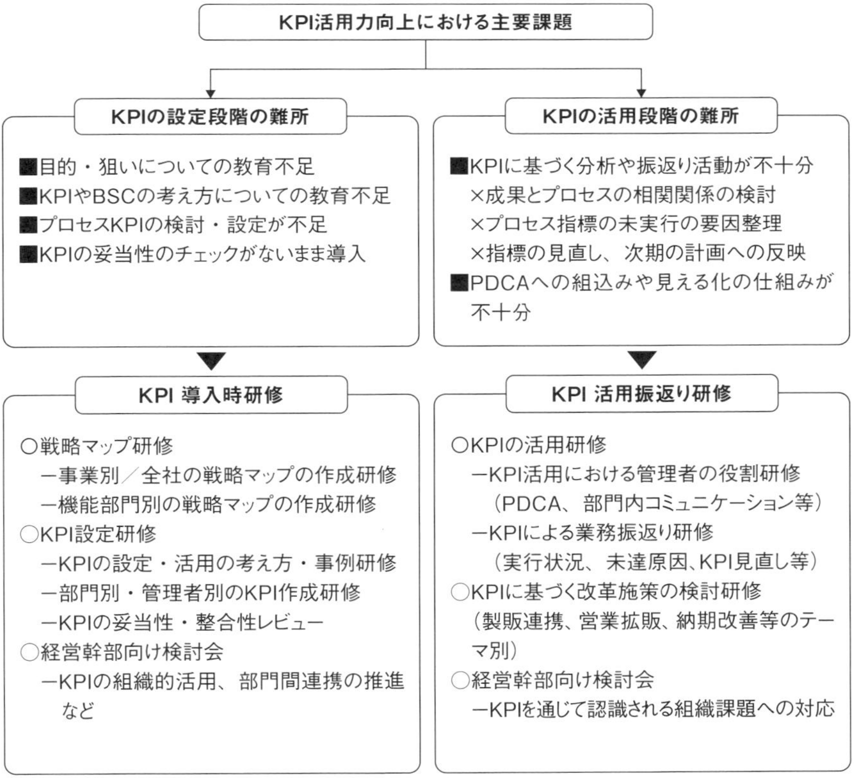

KPI活用力向上における主要課題

KPIの設定段階の難所
- 目的・狙いについての教育不足
- KPIやBSCの考え方についての教育不足
- プロセスKPIの検討・設定が不足
- KPIの妥当性のチェックがないまま導入

KPIの活用段階の難所
- KPIに基づく分析や振返り活動が不十分
  × 成果とプロセスの相関関係の検討
  × プロセス指標の未実行の要因整理
  × 指標の見直し、次期の計画への反映
- PDCAへの組込みや見える化の仕組みが不十分

KPI 導入時研修
○戦略マップ研修
　－事業別／全社の戦略マップの作成研修
　－機能部門別の戦略マップの作成研修
○KPI設定研修
　－KPIの設定・活用の考え方・事例研修
　－部門別・管理者別のKPI作成研修
　－KPIの妥当性・整合性レビュー
○経営幹部向け検討会
　－KPIの組織的活用、部門間連携の推進など

KPI 活用振返り研修
○KPIの活用研修
　－KPI活用における管理者の役割研修
　　（PDCA、部門内コミュニケーション等）
　－KPIによる業務振返り研修
　　（実行状況、未達原因、KPI見直し等）
○KPIに基づく改革施策の検討研修
　（製販連携、営業拡販、納期改善等のテーマ別）
○経営幹部向け検討会
　－KPIを通じて認識される組織課題への対応

[著者紹介]

■アットストリームグループ

経営管理・プロセス改革、組織・人材の強化、事業構造改革など、企業の経営課題の解決を支援するプロフェッショナルなコンサルティング会社。2001年に創業。大手コンサルティング会社経験者を中心に、KPIマネジメントの導入・活用などを含め多くの企業のコンサルティングを手がける。KPIの活用強化による成果向上・業務改革・組織強化を目指した研修・トレーニング・セミナーなども数多く実施。
URL：www.atstream.co.jp
お問い合わせ：query@atstream.co.jp

■大工舎 宏（だいくや・ひろし）

アーサーアンダーセンビジネスコンサルティングを経て、㈱アットストリームを共同設立。現在、同代表取締役兼アットストリームパートナーズ合同会社理事長・代表パートナー、公認会計士。主な専門領域は、事業構造改革・収益構造改革の推進支援、各種経営管理制度（KPI、管理会計等）の構築・導入、組織変革活動の企画・実行支援。著書は、『事業計画を実現するKPIマネジメントの実務』（日本能率協会マネジメントセンター）、『経営の突破力　現場の達成力』（JIPMソリューション）、『高収益を生む原価マネジメント』（JIPMソリューション）、『取引先企画の実態把握強化法』（共著・金融財政事情研究会）、『ミッションマネジメント～価値創造企業への変革～』（共著・生産性出版）ほか多数。

■井田 智絵（いだ・ともえ）

プライスウォーターハウスクーパースコンサルティング、ジェネックスパートナーズ、デロイトトーマツコンサルティングなどを経てアットストリームに参画。主な専門領域は、KPIを軸とした戦略の落とし込み、経営課題の目標達成、現場改善活動などにおける実行支援の他、リーダーシップ開発、組織変革（チェンジマネジメント）。

KPIで必ず成果を出す目標達成の技術
計画をプロセスで管理する基本手順と実践ポイント

2015年12月20日　初版第1刷発行
2023年11月5日　　第15刷発行

著　　者──大工舎 宏、井田 智絵（株式会社アットストリーム）
　　　　　　©2015 Hiroshi Daikuya, Tomoe Ida (@Stream Corporation)
発　行　者──張　士洛
発　行　所──日本能率協会マネジメントセンター
〒103-6009　東京都中央区日本橋2-7-1　東京日本橋タワー
TEL　03（6362）4339（編集）／03（6362）4558（販売）
FAX　03（3272）8127（編集・販売）
https://www.jmam.co.jp/

装　　丁──冨澤 崇（EBranch）
本文DTP──木内 豊
印　刷　所──広研印刷株式会社
製　本　所──ナショナル製本協同組合

本書の内容の一部または全部を無断で複写複製（コピー）することは、法律で認められた場合を除き、著作者および出版者の権利の侵害となりますので、あらかじめ小社あて許諾を求めてください。

ISBN 978-4-8207-4960-8　C3034
落丁・乱丁はおとりかえします。
PRINTED IN JAPAN